MYSTERY

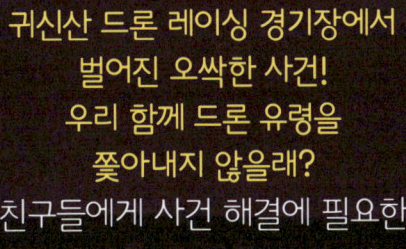

귀신산 드론 레이싱 경기장에서
벌어진 오싹한 사건!
우리 함께 드론 유령을
쫓아내지 않을래?
친구들에게 사건 해결에 필요한
몇 가지 규칙을 알려 줄게!

· 무서워도 겁내지 않기!
· 어렵다고 포기하지 않기!
· 누구에게도 말하지 않기!

감수 · 이지연(영재교육원 강사 및 초등학교 교사)
2010년 서울교육대학교를 졸업한 후 현재 서울서강초등학교에서 학생들을 가르치고 있습니다.
서울특별시서부교육지원청 영재교육원(수·과학융합, 수학분야) 강사 및 서울특별시 지정 단위학교
수학영재학급 강사로 활동하였고, 서울특별시서부교육지원청 영재교육원(과학) 강사로 활동 중입니다.

지음 · 정재은
출판 편집과 방송 작가 등 여러 직업을 통해 얻은 경험을 바탕으로 어린이 작가로 활동 중입니다. 그동안 지은 책으로는
《수학이 궁금할 때 피타고라스에게 물어봐》 《똥핑크 유전자 수사대》 《해인강 환경 탐사단》 《개념 쏙쏙 참 쉬운 수학》
〈스토리텔링 수학〉 시리즈의 《게임 수학》 《불가사의 수학》 《스파이 수학》 《바이킹 수학》 《로봇 수학》 등이 있습니다.

그림 · 김현민
2000년 주간 〈아이큐 점프〉에 '비켜 비켜'를 연재하면서 데뷔하였습니다. 펴낸 책으로는 《퀴즈! 과학상식-곤충》
〈스토리텔링 수학〉 시리즈의 《요리 수학》 《미로 수학》 《캠핑 수학》 《게임 수학》 《불가사의 수학》 《로봇 수학》 등이 있습니다.

2018년 9월 20일 초판 1쇄 찍음
2018년 9월 25일 초판 1쇄 펴냄

지음 · 정재은 **그림** · 김현민
감수 · 이지연(영재교육원 강사 및 초등학교 교사)
채색 · 박은자 **표지 채색** · 김란희

펴낸이 · 이성호
펴낸곳 · (주)글송이

편집/디자인 · 임주용, 한수정, 오영인
마케팅 · 이성갑, 윤정명, 이현정, 김병선, 문현곤, 조해준
경영지원 · 황용호, 최진수, 박민숙, 이인석, 진승현

출판 등록 · 2012년 8월 8일 제2012-000169호
주소 · 서울시 서초구 능안말1길 1 (내곡동)
전화 · 578-1560~1 **팩스** · 578-1562
홈페이지 · www.gsibook.com

ⓒ 정재은, 2018

ISBN 979-11-7018-420-1 74410
      979-11-7018-419-5 (세트)

*이 도서의 국립중앙도서관 출판시도서목록(CIP)은 서지정보유통지원시스템 홈페이지(http://seoji.nl.go.kr)와
 국가자료공동목록시스템(http://www.nl.go.kr/kolisnet)에서 이용하실 수 있습니다.
 (CIP제어번호: CIP2018026401)

교과서 연계 수학 개념·원리

스토리텔링 수학

경고!
절대 날리지 마시오!

수학유령의
미스터리
드론 수학

정재은 지음 김현민 그림 이지연 감수

글송이

오싹오싹, 흥미진진한 드론 수학!

웅웅, 소리를 내며 저 높은 하늘 위를 자유롭게 날아다니는 드론! 1930년경, 군사용 무인기로 개발된 드론은 크기도 다양해지고 가격도 저렴해졌어요. 그 뒤로 드론은 방송 촬영·기상 관측·무인 배달·응급 환자 탐지·화성 탐사 등등 다양한 분야에서 효과적으로 사용되고 있답니다.

이렇게 활용도가 무궁무진한 드론에는 여러 가지 수학과 과학 기술이 숨어 있어요.

《수학 유령의 미스터리 드론 수학》에서는 여러분에게 드론과 관련 있는 다양한 수학 이야기를 들려줍니다.

우여곡절 끝에 드론 레이싱 대회에 출전한 주인공들과 오싹하고 재미있는 모험을 하다 보면 곱셈·나눗셈·여러 가지 도형·다양한 규칙 찾아보기 등의 여러 가지 수학 개념을 쉽게 알 수 있어요.

또 창의 문제 해결을 통해 수학을 더욱 쉽고 재미있게 배울 수 있을 거예요.

영재교육원 강사 및 초등학교 교사 이지연

드론 영재 유령을 쫓아내 줘!

큰일 났어! 천재 몸에 유령이 들어갔대.
유령의 정체는 영국에서 온
드론 영재 유령이라지 뭐야? 근데 드론이 도대체 뭐야?
조종사도 없이 하늘을 쌩쌩 나는 비행기라고?
난 옛날 유령이라 최신 과학인 드론은 잘 모르는데
어떻게 우리 천재를 구하지?
일단 진짜 천재에게 도와 달라고 해야겠다.
그리고 이 책을 읽고 있는 거기 초등학생! 그래, 너 말이야.
드론 영재 유령을 쫓아낼 수 있도록 너도 좀 도와줘.
우리가 연필과 종이, 수학에 대한 자신감으로 함께 힘을 모으면
천재를 구할 수 있을 거야!
진짜 천재 지한이와 내가 너를 도와줄게.
만약 우리를 도와주지 않으면 매일 밤
네 꿈에 찾아가 수학 문제를 100개씩 내줄 거야.

From. 수학 탐정 유령

차 례

프롤로그
귀신산에 UFO가
나타났다! …9

1 드론 영재,
비밀 병기를
손에 넣다! …19

미스터리 무시무시한 전쟁 무기,
드론 · 31

2 드론 레이싱
경기장에서 일어난
끔찍한 사고 …33

3 천재를 구하러 인간
세계로! …46

미스터리 드론 레이싱의 주인공,
멀티콥터 · 61

4 엄마에겐 너무 비싼
거인 드론 …63

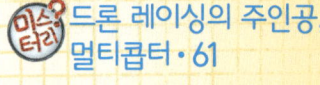

5 강변 공원에 나타난 공포의
거인 드론 …76

미스터리 화성 하늘에 드론이
둥둥 떠다닌다고? · 87

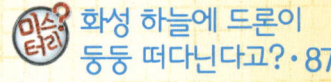

6 유령을 부르는
도형 주문 … 89

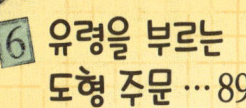

미스터리 드론 내비게이션 속
수학 원리 • 103

7 희망을 품기에
충분한 확률 … 104

8 유령 퇴치를 위한
안천재 굶기기 대작전
… 119

미스터리 드론은 어떻게 백악관에
침입했을까? • 129

9 경쟁자 백발마녀,
드론 비행을
전수하다! … 130

10 미스터리 입체 미로를
탈출하라! … 147

11 유령 위노의
아찔한 선택 … 160

미스터리 착한 드론 VS 나쁜
드론 • 159

12 공포의 여왕 주리의
기억을 지워라! … 172

미스터리 평창 동계 올림픽 드론 쇼 • 187
초등 수학 교과 연계표 • 188

프롤로그
귀신산에 UFO가 나타났다!

하늘이 유난히 맑은 날이었다. 1년 내내 음침한 구름을 걸치고 있는 귀신산 위의 하늘은 주황빛 노을에 곱게 물들었다. 천재는 아슬아슬하게 쌓아 올린 5단 아이스크림콘을 들고 조심조심 가게를 나왔다.
"아앙, 맛있겠다!"
천재가 막 아이스크림을 먹으려 할 때였다. 느닷없이 귓속에서 에에엥 소리가 났다. 천재의 귓속에서는 가끔 사이렌 소리 같은 게 났다. 엄마는 귓속에서 잡소리가 들리는 '이명' 현상이라고 했지만, 천재의 생각은 달랐다. 그것은 외계인이 보내는 신호였다.

"외계인, 쫌만 기다려. 일단 아이스크림 먼저 먹고."

천재는 한 손으로 귀를 막고 입을 크게 벌렸다.

'왜에왜에엥, 왜에에엥.'

외계인의 신호가 급속도로 강해졌다. 고막이 터질 것처럼 귀가 아팠다. 천재는 얼굴을 찡그리면서 저도 모르게 귀신산을 쳐다보았다.

번쩍! 귀신산에서 이상한 비행 물체가 날아올라 강한 빛을 쏘았다. 정확히 천재의 아이스크림을 향해서였다.

철퍽. 5단 아이스크림이 바닥에 떨어졌다. 천재의 손에는 아이스크림이 묻은 바삭한 콘만 남았다.

"으아아아, 이 나쁜 외계인아! 내 아이스크림 내놔, 아이스크림!"

천재는 괴성을 지르며 쿵쿵 발을 굴렀다. 윗옷 주머니에 들어 있던 휴대폰이 덜렁거리다가, 땅바닥에 푹 퍼져 있는 아이스크림 위로 곧장 다이빙을 하고 말았다.

"으악! 내 휴대포온. 비싼 내 휴대포오온~ 으앙."

천재는 울음을 꾹 참으며 아이스크림 범벅이 된 휴대폰을 옷소매로 싹싹 닦았다.

'아침에 쓰레기차를 3대나 볼 때부터 불길했어!'

나쁜 일이 더 생기기 전에 천재는 서둘러 집에 가기로

했다. 집을 향해 전속력으로 달리던 천재는 문득 귀신산을 돌아보았다.

 번쩍, 수상한 비행 물체가 귀신산 밑으로 사라졌다.

 'UFO가 틀림없어. 나쁜 외계인이 탄 UFO야.'

 천재는 부르르 떨면서 서둘러 집으로 돌아갔다.

 이튿날, 천재는 학교에 가자마자 주리를 찾았다. 귀신산에 궁금한 점이 있다면 당연히 주리에게 물어야 한다. '공포의 여왕' 주리는 별명답게 무섭고 미스터리한 일이라면 물불을 가리지 않고 달려드는 친구이니까.

 "주리야, 귀신산에 언제 가 봤어? 요즘 뭐 수상한 거 없었어?"

 "귀신산? 지금 공사 중인데? 미스터리 호텔이 문을 닫고 뭐 다른 게 들어선다는데 비밀이래. 나도 안 간 지는 한참

됐지. 근데 왜? 왜, 왜, 왜?"

역시나 주리는 귀신산에 대한 최신 정보를 꿰고 있었고, 수상한 냄새도 기가 막히게 빨리 맡았다.

"아니, 그냥, 뭐……. 귀신산은 늘 무서우니까……."

천재가 얼버무리자 절친 지한이가 책에서 눈을 떼며 말했다.

"너희들의 두려움은 스스로 만들어 낸 거야. 그 산을 귀신산이라고 부르니까 무섭지. 원래 이름대로 귀산산이라고 부르면 덜 무서울걸. 상상이 공포를 부른다고나 할까. 두려움은 우리 마음속에 있으니까."

아이큐가 아인슈타인에 버금가는 지한이는 옳은 소리만 골라 했다. 그래도 천재는, 진짜 천재이자 절친 지한이의 말에 적어도 오늘만큼은 무조건 '옳소!'를 외칠 수 없었다.

"귀신산에서 이상한 비행 물체가 날아와서 막 나쁜 일이

생겼는…….”

천재는 말하다 말고 재빨리 입을 다물었지만 주리는 벌써 미스터리한 냄새를 맡고 달려들었다.

"이상한 비행 물체라고? 귀신산의 UFO? 그거야말로 특종이다! 당장 가 보자."

주리는 얼마 전부터 '공포의 여왕'이라는 블로그를 시작했다. 그전에도 귀신·유령·괴담·끔찍한 사건·사고·미스터리 등을 좋아했지만 블로그를 운영하면서 더욱 소름 끼치는 이야기들을 찾아다녔다. 오늘도 귀신산에 가면 처녀 귀신의 머리카락 같은 수풀을 헤치고 피에 굶주린 벌레들에게 쫓기며 UFO의 흔적을 찾을 것이다. 천재는 지한이에게 주리를 제발 좀 말려 달라고 눈짓했다. 지한이가 말했다.

"주리야, UFO의 존재는 과학적으로 증명되지 않았어. 천재가 보았던 게 UFO인지 아닌지는 알 수 없어. 확률상 다른 비행 물체일 가능성이 더 높아. 인공위성이나 비행기……. 맞다, '드론'일지도 몰라. 드론이 아주 많아졌잖아."

"그러니까 알아봐야지. 이따 같이 가는 거다! 의리 있는 나주리 님께서 UFO를 발견할 절호의 기회를 혼자서 누릴

수는 없지. 흐흐흐."

 수업이 끝난 뒤 주리는 천재와 지한이를 질질 끌다시피 하여 마을버스에 태웠다. 멀리 귀신산 버스 정류장이 보이자 기사 아저씨가 걱정스럽게 말했다.

 "너희들, 꼭 귀신산에 가야겠냐? 곧 해가 질 텐데……."

 아저씨의 말이 끝나기도 전에 까마귀 떼가 퍼드득 날아올랐다. 까마귀들은 하늘을 온통 까맣게 물들인 것으로도 모자라 버스의 앞 창문까지 까맣게 뒤덮었다. 꺅! 으악! 헉! 으헉! 버스에 탄 사람들은 너무 놀라서 두 눈을 가리고 말았다. 기사 아저씨까지 말이다. 결국 버스는 귀신산의 정류장 기둥을 들이받았다. 다행스럽게 아무도 다치지는 않았다.

 "봐! 귀신산에 오니까 이런 일이 벌어지잖아. 여긴 정말 불길하다고!"

 천재는 몸서리를 쳤다. 바로 그 순간 주리는 귀신산 꼭대기에서 솟아오르는 수상한 비행 물체를 보았다.

 "저기 있다, UFO!"

 천재와 지한이도 얼른 고개를 들었지만 아무것도 보지 못했다.

다음 날, 학교에는 귀신산 주변에 UFO가 나타난다는 소문이 쫙 퍼졌다.

"지한아, 다른 사람들도 UFO를 많이 봤나 봐. 소문이 쫙 났어. 경찰에 신고해야 하는 거 아닐까?"

천재는 나쁜 외계인이 쳐들어올까 봐 가슴을 졸였다. 지한이가 말했다.

"천재야, 다른 아이들이 정말로 이상한 비행 물체를 봤다고 생각하니?"

"당연하지. 아니면 어떻게 UFO 소문이 퍼졌겠어?"
"주리 때문이지. 주리는 우리 학교 파워 블로거잖아. '공포의 여왕' 블로그에 귀신산 UFO에 대해 올렸을걸? 모두 그걸 보고 떠들어 대는 거야. 확인해 볼래?"

지한이는 침을 튀기며 UFO 이야기를 하고 있는 미나에게 다가가 물었다.

"미나야. 네 눈으로 직접 UFO 봤니?"

"아니. 하지만 본 사람들이 엄청 많대. '공포의 여왕' 블로그에 나왔어. 더 끔찍한 건 나쁜 외계인이 탔을 거라는 사실! 귀신산에 접근한 마을버스에 레이저 빔을 쏘아 댔다던데?"

미나는 어깨를 부르르 떨었다. 천재도 어깨를 부르르 떨었다. 주리가 낸 헛소문이라는 걸 알았지만 그래도 불길한 느낌은 뒤통수에 딱 붙어 떨어지지 않았다.

1

드론 영재,
비밀 병기를 손에 넣다!

쉬이잉, 요란한 소리를 내며 위노의 드론이 착륙했다. 드넓은 사막 위에 지어진 화려한 경기장에 '위너 위노, 위너 위노!'를 외치는 환호성이 울려 퍼졌다. 16세인 드론 영재 위노는 세상을 다 가진 것 같았다. 두바이 국제 드론 레이싱 대회는 아직 끝나지 않았지만 위노는 마음속으로 이미 우승자였다.

"오! 역시 영국에서 온 위노 선수의 실력은 대단하군요. 시속 170km를 유지하며 묘기를 펼치다니 정말 드론 영재가 분명합니다. 우승은 이미 정해진 거 아닌가요? 그래도 마지막 선수의 경기를 봐야 하겠지요? 다음

선수는 국제 대회에 처음 출전한 선수입니다. 이름이……
백발마녀인데요. 특이한 이름이네요. 이 선수의 실력을
볼까요?"

　백발마녀는 FPV 고글(1인칭 시점 조종 안경)을 쓰고 긴
은발을 날리며 조용히 등장했다. 백발마녀와 꼭 닮은
은색 쿼드드론은 굉음과 함께 무서운 속도로 곡예비행을
하며 자유자재로 장애물을 통과했다. 관중들은 커다란
화면에서 신출귀몰하는 백발마녀의 실버 드론을 보며 입을
떡 벌렸다. 심사 위원들도 실버 드론이 보내는 영상을

보고 숨을 멈췄다. 위노의 드론만큼 빠르지는 않았지만 자유로우면서도 아름다운 비행이었다. 마침내 백발마녀의 드론이 사뿐이 착륙했을 때 넋을 잃은 관중들과 심사위원들, 사회자는 경기가 끝나고도 약 3초 동안 벌어진 입을 다물지 못했다. 겨우 정신을 차린 사회자가 말했다.
"아, 역시 경기는 끝까지 지켜봐야 하는 겁니다. 혜성 같이 나타난 백발마녀 선수의 솜씨는 정말, 마녀의 솜씨라고밖에는 표현할 길이 없네요."

그날, 두바이 국제 드론 대회의 우승자는 백발마녀였다.
"말도 안 돼. 행운이 달아날까 봐 일주일째 팬티도 안 갈아입었는데 내가 우승이 아니야? 왜 내가 떨어졌냐고!"
눈앞에서 우승을 놓친 위노는 방방 뛰며 복수를 다짐했다.
위노는 스코틀랜드에 있는 집으로 돌아가자마자 세상을 깜짝 놀라게 할 비밀 병기를 주문했다. 며칠 뒤, 위노의 집으로 가로와 세로가 각각 125cm, 높이가 60cm나 되는 큰 상자가 배달되었다.
위노는 지하 작업실로 상자를 옮기려고 했지만 작업실의 문이 너무 작아서 들어가지 않았다.

"어? 상자를 작업실에 넣을 수가 없잖아? 어머니, 어머니!"
언제나 위노를 도와주는 어머니가 기다렸다는 듯 달려와 작업실 문의 가로와 세로 길이를 쟀다.
"작업실의 문은 가로 80cm, 세로 150cm야.

상자 높이가 60cm이니까 세워서 넣으면 들어가겠다."
"세우라고요? 안에 드론이 들어 있는데 망가지면 어떡해요?"
"세상에! 이렇게 큰 레이싱 드론도 있니?"
"내 비밀 병기인 거인 드론이에요. 엄청나죠?"
그날부터 위노는 작업실에서 먹고 자며 비밀 병기를 개조했다. 인생의 최고 걸작을 만드는 예술가처럼 온갖 정성과 애정을 쏟았다. 오죽하면 위노의 어머니가 드론에 영혼이 생기겠다고 중얼거릴 정도였다.
열흘 뒤, 위노는 거인 드론을 멋지게 재탄생시켰다.
"드디어 완성했어. 네 이름은 블랙이야. 나와 함께 영원히 하늘을 날자, 영원히!"
블랙은 위노의 말에 대답이라도 하듯 검은 몸체를 반짝였다.
위노의 어머니는 새 드론을 보고 눈이 휘둥그레졌다.
"와! 정말 크구나. 무거워서 날 수는 있겠니?"
"그럼요. 드론 레이싱을 화면으로만 보면 재미없잖아요. 맨눈으로도 잘 볼 수 있게 일부러 드론을 크게 만들었어요. 관중들도 눈을 뗄 수 없을걸요? 이젠 어떤 선수가 나와도 프리스타일 드론 레이싱 부문의 우승은 당연히 나,

위노예요."

"멋지구나. 축하한다, 우리 아들. 다음 경기는 어디지?"

"한국에 있는 드론 경기장 개장식에 초청받았어요. 시범 레이싱을 보여 줄 거예요. 거인 드론 블랙의 첫 무대로 딱이죠!"

위노는 자신감을 활활 불태웠다. 엄마는 위노가 자랑스러우면서도 걱정이 되었다. 경기를 하다 보면 질 수도 있는데 위노는 좀처럼 패배를 인정하지 못했기 때문이었다.

그때, 현관문이 벌컥 열리며 위노의 형이 뛰어 들어왔다. 형은 머리부터 발끝까지 흠뻑 젖어 있었다.

"형, 지금 비 와? 새 드론 날리려는데……."

위노는 울상이 되었다. 안전한 드론 비행을 하려면 비 오는 날이나 바람 부는 날, 해가 져서 깜깜한 저녁은 피해야 한다.

"천하의 드론 영재라도 오늘은 안 돼. 바람도 씽씽 불거든. 그런데 너, 지금 이 커다란 걸 날리려는 거야?"

형은 거인 드론을 보고 깜짝 놀랐다가 곧 킬킬거렸다.

"실력이 안 되니까 크기로 승부하기로 했냐? 다른 드론을 깔아뭉개기라도 할 작정이야?"

"아니거든! 잘 모르면서 놀리지 마. 내 거인 드론은 원래도 1분에 2,500m를 날 만큼 빨랐는데, 개조를 해서 1시간에 200km나 날 수 있게 만들었어. 엄청나지 않아?"

"2,500이 200이 됐는데 빨라진 거 맞아? 확실해?"

수학에 서투른 형은 고개를 갸웃거렸다.

"흥! 내가 속도를 정확히 비교해 주지. 먼저 비교하려면 우선 단위를 통일해야 해. 형이 이해하기 쉽게 1시간에 몇 km를 나는지 알려 주지. 1시간은 60분이야. 그 정도는 알지?"

위노의 형은 허공에 주먹을 휘둘렀다. 위노는 못 본 척하고 설명을 계속했다.

"1분에 2,500m를 움직이는 드론은
1시간 동안, 2,500m×60분=150,000m를 날아가지.
150,000m를 km로 바꾸면, 1km는 1,000m니까
150,000m÷1,000m=150km.

즉 1분에 2,500m를 나는 드론은 1시간에 150km의 속도로 나는 거야.

이걸 개조해서 1시간에 200km, 즉 시속 200km로 날도록 만들었으니까 무려 시속 50km나 더 빨라진 거야. 대단하지?"

"그렇다 치고! 아무튼 조심해라, 동생아. 그 대왕 드론이 너한테 떨어지면 최소 사망이다."

"쳇! 말도 안 되는 걱정은 하지도 마. 난 드론 영재 위노야. 깜짝 놀랄 준비나 하시지."

위노는 드론을 들고 밖으로 나갔다. 비는 거의 그쳤지만 아직도 바람은 쌩쌩 불었다. 하지만 위노는 새 드론의 비행 실력을 빨리 확인하고 싶어서 더 기다릴 수 없었다.

"드론 영재한테 이깟 바람은 문제도 아니야."

위노는 안전 비행 수칙을 무시한 채 집 앞에 펼쳐진 드넓은 황무지로 걸어 나갔다. 키 작은 풀과 나무가 자라는 황무지의 끝에는 깊은 계곡으로 이어진 아슬아슬한 낭떠러지가 있었다. 그 계곡을 넘어가면 키 큰 삼나무가 빽빽이 들어선 환상의 숲이 펼쳐졌다. 위노는 바로 이 황무지에서 드론을 날리기 시작하여 세계에서 손꼽히는 드론 레이싱 선수가 되었다.

"좋았어. 시작하자."

위노는 두 손으로 공손하게 조종기를 들고 조종 스틱을 천천히 올렸다. 부웅, 웅장한 모터 소리를 내며 블랙이 서서히 떠올랐다. 블랙은 위노의 조종에 따라 위로 솟았다 아래로 뚝 떨어지고, 왼쪽으로 날았다가 포물선(물체가 반원

모양을 그리며 날아가는 선)을 그리며 오른쪽으로 내려왔다. 8자 비행, 360도 회전, 나무 사이를 지그재그로 통과하는 것도 문제없었다. 바람이 꽤 셌지만 무거운 몸체는 흔들리지 않고 황무지 위를 현란하게 날았다.

"오, 블랙! 묵직한 게 조종감도 좋구나! 역시 드론 영재 위노와 영원히 함께할 자격이 있어."

위노는 블랙을 하늘 높은 곳으로 훌쩍 떠오르게 했다. 그 순간, 빛이 번쩍하더니 블랙이 곤두박질치기 시작했다. 벼락을 맞은 것이다.

"안 돼, 블랙! 날아, 날아야 해. 날라고!"

위노는 정신없이 조종기를 움직이며 추락하는 블랙을 쫓았다. 하지만 블랙의 추락을 막을 수 없었다. 길게 뻗은 오른손이 막 블랙의 몸체에 닿았다고 느낀 순간, 위노는 블랙과 함께 낭떠러지 밑으로 떨어지고 말았다. 위노는 왼손에 드론 조종기를 꼭 붙잡은 채 정신을 잃었다.

서울에서 열리는 미스터리 드론 레이싱 경기장의 개장일이 다가왔다. 개장식에 초청된 위노는 거인 드론 블랙을 챙겨 비행기에 올랐다.

"주최 측에서 모든 걸 마련한다더니 정말 완벽하게 준비했나 봐. 비행기 표도 없는데 그냥 태워 주잖아? 그러고 보니 짐 검사도 안 했네. 오! 이제야 모두 알았나 보지? 이 위노 님이 얼마나 훌륭한 선수인지 말이야!"

위노는 가슴을 쫙 펴고 으스대며 비행기 안으로 들어갔다.

"전 드론 영재 위노예요. 일등석에 앉아도 되겠죠?"

위노는 승무원 아줌마에게 물었다. 일등석은 비행기에서 가장 넓고 좋은 자리인데 값이 비싸서 한 번도 타 본 적이 없었다. 예전에 한번 실수인 척하고 구경하려다 쫓겨난

적만 있었다. 하지만 이번에는 무사통과! 위노는 비행기에서 가장 좋은 자리에 편안히 앉았다.

"와! 정말 좋은데! 이번 시범 경기는 끝내주겠어. 음하하하하."

위노는 푹신한 등받이에 기대자마자 저절로 눈이 감겼다.

'자면 안 되는데. 일등석에서는 맛있는 음식을 많이 준다던데…….'

위노는 난생처음 타 본 일등석에서 온갖 호사를 누리고 싶었다. 하지만 점점 더 깊은 잠에 빠져들고 말았다. 겨우 눈을 떴을 때 비행기는 공항 활주로에 착륙하고 있었다.

"뭐야? 벌써 도착했어? 먹을 것도 하나도 못 먹었는데······ 아유, 아까워라."

위노는 씩씩거리며 비행기에서 내려 미스터리 드론 경기장으로 향했다. 블랙이 든 바퀴 달린 가방을 힘겹게 끌면서······.

무시무시한 전쟁 무기, 드론

드론은 원래 무시무시한 전쟁 무기로 쓰였다. 무선 조종으로 날아가는 드론은 제1차 세계 대전 중에 적진으로 폭탄을 실어 나를 목적으로 미국에서 만들어졌다. 그렇게 탄생한 최초의 군사용 드론이 바로 '케터링 버그'로 알려진

'스페리 에어리얼 토페도'였다. 이것은 폭탄과 함께 폭발해 버리면 다시 쓸 수 없는 드론이었다.

1930년, 영국 해군에서 만든 무선 조종 비행기 '퀸비'는 왕복으로 비행한 최초의 드론이었다. 퀸비는 대포 발사 훈련에서 표적으로 쓰였다.

이런 역사가 이어져 오늘날의 군사용 드론은 놀라운 속도로 발전하고 있다. 미국, 중국 등 여러 나라에서 무인 정찰기와 무인 전투기 등을 개발하였고 실제 전쟁에서도 드론이 이용되고 있다.

드론 레이싱 경기장에서 일어난 끔찍한 사고

"뭐, 뭐야? 귀신산에 생겼어?"

"응! 전에 본 UFO 있지? 그것도 미스터리 드론 경기장에서 띄운 거래. 미스터리한 분위기를 물씬 풍기려고. 소름 끼치게 센스 있지? 역시 미스터리 회장님다워."

주리는 신나서 떠들었지만 천재의 표정은 점점 더 어두워졌다. 최첨단 드론 경기장을 하필이면 유령이 우글거린다는 귀신산에 짓다니……. 천재는 꺼림칙한 마음을 꾹꾹 누르며 물었다.

"저기, 주리야. 미스터리 드론 경기장에 설마 진짜 귀신이나 유령 같은 게 나오진 않겠지?"

"설마!"

주리가 눈을 똥그랗게 뜨고 소리를 꽥 질렀다.

"설마, 귀신이 안 나오겠어? 귀신이랑 유령이 나와서 드론을 쫓아다니고 떨어뜨리며 난리를 피우겠지. 그래야 귀신산의 미스터리 경기장이지!"

주리는 마녀처럼 킬킬거리며 초대장의 좌석 번호를 가리켰다.

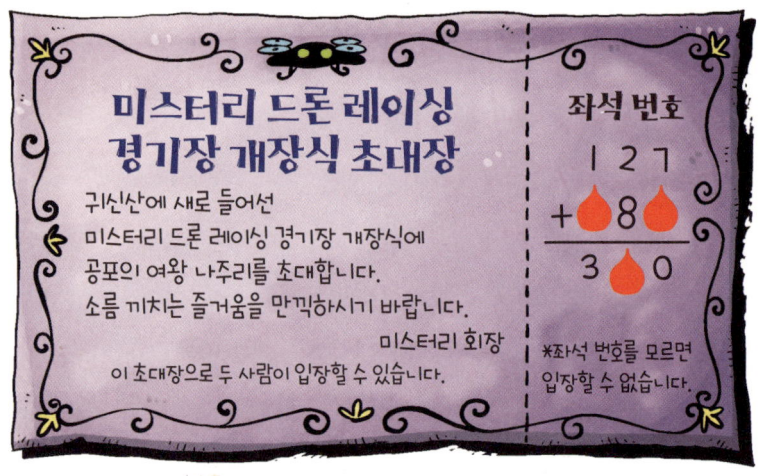

"걱정 마. 나도 아직 진짜 유령은 못 봤으니까. 일단 가서 경기장 구경이나 해 보자. 네가 이 좌석 번호 좀 찾아 줘. 난 아무리 봐도 모르겠네."

좌석 번호에 빨간 핏방울이 떨어져 숫자가 군데군데

지워져 있었다. 천재는 진짜 천재가 아니었지만 다행히 좌석 번호를 알아낼 수 있었다.

"일단 좌석 번호 계산식을 바꿔 써 볼게. 핏자국으로 지워진 3개의 숫자를 일의 자리부터 ⓐ, ⓑ, ⓒ로 바꾸는 거야.

우리 좌석 번호는 310이네!"

천재와 주리는 또다시 귀신산으로 가는 마을버스에 올랐다. 이번에는 아무런 사고 없이 귀신산 버스 정류장에 도착했다. 귀신 머리카락보다 더 헝클어진 수풀을 지나 송장벌레가 우글거리는 오솔길을 걸어 드디어 미스터리

드론 레이싱 경기장에 도착했다. 천재와 주리의 심장은 쿵쿵쿵 요란하게 요동쳤다. 천재는 혹시라도 귀신을 만날까 봐 마음을 졸였고, 주리는 어떤 귀신도 만나지 못할까 봐 조마조마했다. 벌써 개장식이 시작되었는지 경기장 안에서 사회자의 경쾌한 목소리가 울려 퍼졌다. 천재와 주리는 서둘러 310번 자리에 앉았다.

"관중 여러분! 오늘의 하이라이트, 미스터리 드론 레이싱 시범 경기를 시작하겠습니다. 오늘을 위해 두바이 국제 드론 레이싱 대회의 우승자가 직접 여기까지 오셨습니다. 환영합니다."

위노는 자리에서 벌떡 일어나 손을 흔들었다. 자신을

보려고 자리에서 일어나 고개를 쭉 뺀 관중들을 보니 저절로 어깨가 으쓱해졌다.

'흠흠, 내가 우승자는 아니지만 이번 대회에선 우승을 할 테니까 뭐…….'

위노는 잔뜩 으스대며 FPV 고글을 쓰고 조종기를 든 채 드라큘라 성의 미로처럼 꾸며진 경기장으로 걸어갔다. 검은색과 보라색, 핏빛 빨간색으로 꾸며진 독특한 경기장은 거인 드론의 데뷔 무대로 완벽했다. 그런데 위노가 서서 경기해야 할 자리에 다른 선수가 서 있는 게 아닌가! 바로 긴 은색 머리를 휘날리는 백발마녀였다. 위노는 버럭 소리를 질렀다.

"백발마녀 님. 저리 비켜요. 여긴 내 자리예요."

백발마녀는 대답은커녕 위노를 무시하고 레이싱을 시작하려 했다. 위노는 사회자를 향해 소리쳤다.

"사회자님, 미스터리 회장님, 백발마녀 좀 쫓아내요. 내 차례인데, 내 자리에 서서 방해를 하고 있어요."

아무도 위노의 말에 대꾸하지 않았다. 사회자와 미스터리 회장, 관중들 모두 위노를 무시했다. 위노가 마치 투명 인간이라도 된 듯이 말이다.

지이잉, 백발마녀가 실버 드론을 공중으로 띄웠다.

"멈춰요. 이건 내 무대예요. 내 자리라고요."

위노는 힘껏 달려가 백발마녀를 밀쳤다. 앞으로 쿵 엎어져야 했을 백발마녀는 꿈쩍도 하지 않았다. 위노의 손만 백발마녀의 몸속으로 쑥 들어갔다.

"말도 안 돼! 이게 뭐야? 백발마녀, 당신 유령이야? 으헉! 이름이 마녀일 때부터 알아봤어야 했어. 혹시 저 드론도 유령 아니야?"

위노는 폴짝폴짝 뛰면서 관중들에게 외쳤다.

 "여러분, 여기 유령이 있어요! 조심해요, 유령이 유령 드론을 띄우고 있다고요! 내가 유령 드론을 잡아 증거를 보여 줄게요."

 위노는 재빨리 조종기를 움직여 블랙을 하늘 높이 띄웠다. 블랙은 미라에서 풀린 붕대 같은 꼬리를 팔랑거리며 로켓처럼 빠르게 솟아올랐다.

 "저게 뭐야? 블랙에게 리본이 붙었나?"

 위노는 고글을 벗고 팔랑이는 것의 정체를 살폈다. 그것은 바로 유령 꼬리였다.

"으악! 내 드론이 유령이 됐다고?"

위노는 너무 놀라서 펄쩍 뛰었다. 그 순간 몸이 붕 떠올랐다. 놀라서 제 몸을 쳐다본 위노는 자신의 몸에 나풀거리는 유령 꼬리를 보고 말았다.

"서, 설마 이게 내 유령 꼬리? 백발마녀가 아니라 내가 유령이고 블랙도 유령이 된 거야? 악!"

문득 고향의 황무지가 떠올랐다. 쌩쌩 부는 서풍,

흔들리는 거인 드론, 번쩍이는 번개, 낭떠러지, 그리고 추락. 위노는 드론을 붙잡으려다 낭떠러지에서 떨어져 유령이 된 것이다. 산산이 부서진 거인 드론 블랙도 유령이 되었다.

"아아, 드론 챔피언도 못 되고 죽다니! 억울해! 억울해! 세계 최고의 드론 영재가 이렇게 사라질 순 없어!"

위노는 미친 듯이 괴성을 지르며 이리저리 날았다. 그 바람에 조종기가 흔들려 드론 유령 블랙은 그만 실버 드론과 부딪쳤다. 그 충격으로 실버 드론의 조종기와 몸체의 연결은 끊어지고 말았다.

'애에에엥 애애앵.'

천재의 귓속이 다시 울렸다. 천재는 한 손으로 귀를 막으며 실버 드론을 쳐다보았다. 아주 짧은 순간, 실버 드론 옆에서 반짝이는 검은 물체가 보였다. 다음 순간, 실버 드론이 천재를 향해 곤두박질쳤다.

"으아아악, 무서워."

천재는 그만 정신을 잃었다. 위노는 정신이 퍼뜩 들었다.

"나 때문에 실버 드론이 추락하고 있어. 내가 드론으로 사람을 다치게 할 수는 없다고!"

 위노는 방향 조종간을 오른쪽으로 힘껏 밀었다. 블랙으로 실버 드론을 밀어 사고를 막으려 했다. 하지만 블랙은 조종기의 전파가 미치지 않는지 멀리 날아가 버렸고, 실버 드론은 곧장 천재의 머리 위로 떨어졌다.
 "으악! 안 돼!"
 유령 위노는 제 몸을 활짝 펼쳐 천재의 몸 위로 쓰러졌다. 간발의 차로 실버 드론은 천재의 옆에 떨어졌다. 다행히 끔찍한 사고는 피한 것이다.
 "정말 미안하다, 얘."
 유령 위노는 얼른 몸을 일으켰다. 그런데 몸이 무거워서

일어날 수 없었다. 깃털처럼 가벼운 유령의 몸이 아니라 꼭 쓰러진 사람을 둘러업은 것처럼 무거웠다. 눈앞도 깜깜해서 아무것도 보이지 않았다. 사람들이 자신을 흔들며 떠드는 소리만 들렸다.

"야, 정신 차려. 괜찮아?"

"얘야, 괜찮니?"

위노는 힘겹게 눈을 떴다. 웬 여자아이가 눈물이 그렁그렁한 눈으로 그렇잖아도 답답한 가슴을 퍽퍽 쳤다.

"너, 진짜 죽은 줄 알았잖아. 진짜 죽었으면 나한테 죽었어!"

'지금 누구한테 말하는 거지? 혹시 나?'

위노는 자신의 몸을 내려다보았다. 드론에 부딪힐 뻔한 몸은 10세쯤 되는 한국인 남자아이의 몸이었다. 유령 위노가 자신도 모르게 기절한 천재의 몸속으로 들어온 것이다.

'아이고, 미안하다. 그만 나갈게. 미안해, 몸 주인아.'

위노는 당황해서 얼른 천재의 몸 밖으로 나가려고 했다. 겨우 마음을 놓은 주리가 천재를 일으키며 농담했다.

"천재야. 너, 정말 괜찮지? 다친 덴 없어? 너의 천재적인 머리와 팔다리에 흠집이라도 났으면 인류의 재앙이다. 그렇지?"

'이 몸의 주인이 천재라고? 내가 천재의 몸에 들어왔다고? 천재라면……'

주리의 농담을 진심으로 알아들은 위노는 덜컥 욕심이 생겼다.

'천재적인 머리와 팔다리가 있으면 드론 대회 우승은 문제없겠지? 이 몸만 있으면 내 꿈을 이룰 수 있을 것 같은데? 이봐, 천재. 진짜 미안하다. 네 몸을 좀 빌리자. 우승하면 돌려줄게.'

유령 위노는 당분간 천재의 몸을 차지하기로

했다. 유령이 차지한 몸은 유령의 의지대로 움직이지만 몸속에는 원래 주인의 영혼이 깔려 있기 때문에 몸 주인의 예전 기억도 그대로 갖게 된다. 한마디로 유령 위노가 가짜 천재 행세를 하는 데 별문제가 없는 것이다.

"괜찮아. 주리야, 난 그만 집에 갈게. 다음에 보자."

위노는 천재의 몸을 벌떡 일으켜 뚜벅뚜벅 걸었다. 드론 챔피언이 될 생각을 하니 기분이 좋아서 절로 휘파람이 나왔다.

"천재가 원래 휘파람을 잘 불었나? 휘파람 불면 뱀 나온다고 무서워했던 것 같은데?"

주리는 어딘지 어색한 천재의 뒷모습을 쳐다보며 고개를 갸웃거렸다. 한편, 진짜 천재의 영혼은 유령 위노 밑에 깔려 신음하고 있었다.

"주리야, 나 좀 구해 줘! 내 몸에 들어온 유령을 좀 치워 줘! 엉덩이로 날 깔아뭉개고 있다고!"

하지만 유령에게 몸을 빼앗긴 천재의 목소리는 사람들에게 들리지 않았다. 유령인 위노만이 천재의 간절한 목소리를 들었지만 가볍게 무시했다.

천재를 구하러
인간 세계로!

"도와줘요! 구해 줘요! 으, 숨이 막혀……."
도움을 청하는 인간의 희미한 목소리가 유령 세계로 흘러들어 왔다. 명석한 머리와 뛰어난 수학 실력으로, 유령과 관련 있는 온갖 미스터리한 사건들을 해결하는 전설의 수학 탐정 유령 마방진은 간절한 어린이의 목소리를 금방 알아차렸다. 바로 자신의 절친 안천재의 목소리였기 때문이었다.

"천재야, 걱정 마라. 탐정 유령 마방진이 내려가신다."
마방진은 인간 세계와 이어진 유령 세계의 문으로 재빨리 날아갔다.

"인간 세계로 내려갈 거예요. 빨리 문을 열어 줘요."

문지기는 조금 열려 있던 문을 '쿵' 소리가 나게 닫았다.

"지금은 안 돼. 인간 세계에 유령이 너무 많으니 기다려."

"지금 가야 해요. 우리 천재가 숨이 막힌다잖아요. 인간은 몇 분만 숨을 못 쉬어도 죽는 거 몰라요? 우리 천재가 죽으면 책임질 거요? 어서 열어 줘요, 네?"

마방진은 문지기와 한참 실랑이를 했다. 그러는 동안 문지기의 컴퓨터에서 '딩동'

하는 신호음이 4번 났다.

"쳇, 운 좋은 유령이군. 방금 인간 세계와 외계 유령 세계, 가상 현실 세계와 어둠의 유령 세계에서 4명의 유령이 올라왔다. 여기 이 4개의 문에서 하나를 열고 내려가라.

힌트는 나머지가 없는 문이다. 잘못했다가는 어둠의 유령 세계로 떨어지는 끔찍한 일이 생길 것이다."

심술궂은 문지기는 다른 세계로 통하는 문에 수학 문제를 걸어 두었을 뿐 아니라 복잡한 사다리까지 걸쳐 놓아 헷갈리게 했다.

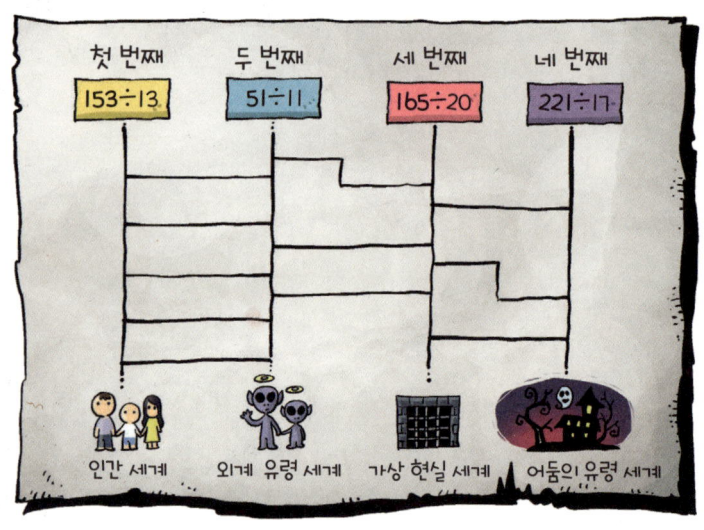

"고집쟁이 같으니라고! 1과 자기 자신 말고는 나눌 수

없는 소수 같은 문지기야. 하지만 이깟 수학 문제가 내 앞길을 막을쏘냐. 난 수학 천재 유령이다!"

$$153 \div 13 = 11 \cdots 10$$

$$\begin{array}{r} 11 \\ 13{\overline{\smash{\big)}\,153}} \\ \underline{13} \\ 23 \\ \underline{13} \\ 10 \end{array}$$

$$51 \div 11 = 4 \cdots 7$$

$$\begin{array}{r} 4 \\ 11{\overline{\smash{\big)}\,51}} \\ \underline{44} \\ 7 \end{array}$$

$$165 \div 20 = 8 \cdots 5$$

$$\begin{array}{r} 8 \\ 20{\overline{\smash{\big)}\,165}} \\ \underline{160} \\ 5 \end{array}$$

$$221 \div 17 = 13$$

$$\begin{array}{r} 13 \\ 17{\overline{\smash{\big)}\,221}} \\ \underline{17} \\ 51 \\ \underline{51} \\ 0 \end{array}$$

마방진은 단숨에 계산을 끝내고 네 번째 문을 열었다. 그러고는 천재가 기다리는 인간 세계로 훌쩍 뛰어내렸다.

천재는 깊이 잠들어 있었다. 나쁜 꿈을 꾸는 듯 끙끙 앓는 소리를 내면서……. 마방진은 천재의 머리를 살살 쓰다듬고 살짝 뽀뽀했다.

"천재야, 꿈속에서 나를 불렀어? 무슨 일이야?"

천재가 눈을 번쩍 떴다. 마방진은 그렇게 보고 싶었던 인간 친구 천재를 홱 밀쳐 냈다.

"넌 누구냐? 우리 천재 어딨어?"

"앗! 수학 탐정 유령 마방진 형, 왜 이래요? 내가 천재잖아요."

위노는 마방진을 보자마자 천재인 척했다. 천재의 몸뿐 아니라 기억까지 빼앗았기 때문에 수학 탐정 유령을 바로 알아보았다. 하지만 마방진은 속지 않았다.

"아니, 넌 천재가 아닌 유령이야. 천재의 몸을 훔친 도둑 유령이라고! 당장 우리 천재의 몸에서 나가."

"쳇, 내 정체를 단번에 알아차렸나? 아무튼, 난 이 몸에서 못 나가. 이 드론 영재 위노 님이 드론 레이싱 대회에서 우승하려면 인간의 몸이, 특히 천재의 몸이 필요하거든."

마방진의 유령 심장이 쿵 내려앉았다. 과거에도 유령이 인간의 몸을 빼앗았던 사건은 종종 있었다. 탐정 유령들의 활약으로 대부분 몸을 되찾았지만 유령에게 영원히 몸을 빼앗겨 버린 사람도 있었다. 마방진은 천재를 그런 비운의 주인공으로 만들 수 없었다. 마방진은 일단 위노를 살살 달랬다.

"우승을 하고 싶다고? 1등? 그렇다면 위노야, 사람을 잘못 골랐어. 천재는 진짜 천재가 아니야. 얼마 전까지 수학 꼴찌였던 겁 많은 어린애라고. 천재의 몸은 네 우승에 도움이 되기는커녕 방해만 될걸? 드론을 조종하다 막 넘어지고, 날개를 부러뜨리고, 배터리 충전을 깜빡하고……. 보나 마나 뻔해."

"이름만 천재라고?"

위노는 실망했지만 천재의 몸을 포기하지는 않았다.

"아쉽군. 생각해 보니까 천재들은 똑똑해서 유령에게 몸을 뺏기지 않겠지. 어쨌든 나는 이 몸에서 나갈 수 없어. 우승한 다음에 천재인지 바보인지 이 몸을 돌려줄 테니 명석한 수학 탐정 유령 마방진 형님께서는 그때 찾아오쇼."

"안 돼. 그러다 영영 안 나가면 어떡하라고?"

"오, 그래도 되겠군! 몰랐는데 가르쳐 줘서 고마워. 사실 나, 다시

유령이 되고
싶지 않아. 개똥밭에
굴러도 이승이 좋다며?
좋았어! 난 계속 안천재로 살래."

 유령 위노는 천재의 다리로 팔짝팔짝
뛰며 거실로 뛰어나갔다. 기다렸다는 듯 흰둥이가 위노의
바짓단을 물고 으르렁거렸다. 흰둥이는 동물의 뛰어난
감각으로 유령 위노의 존재를 알아차렸다.
 "흰둥아, 위노를 꽉 잡아. 함께 천재를 구하자."
 흰둥이가 위노를 붙드는 동안 마방진은 비장의 무기인
유령 퇴치 스프레이를 꺼냈다. 잘못 쓰면 마방진이 다칠 수
있는 위험한 무기였지만 천재를 구하기 위해서라면 어쩔 수
없었다.
 "이 못된 몸 도둑 유령아. 당장 사라져!"
 마방진은 위노의 눈동자에 유령 퇴치 스프레이를 뿌렸다.

 하지만 위노가 더 빨랐다. 위노는 재빨리 현관문을 열고 밖으로 나가 버렸다.
 "하하하. 그렇게 느려서야 어디 날 잡겠어요, 유령 형? 괜히 애쓰지 말고 그냥 나랑 절친 해요. 내 몸은 천재잖아요."
 "천만에. 난 반드시 너를 내쫓고 천재를 되찾는다."
 마방진은 유령넷 쇼핑몰에서 충동 구매한 유령 장풍기를 꺼냈다. 어둠의 세계에서 온 악마 유령도 1,000km 밖으로 쫓을 수 있다는 광고를 믿고 샀는데, 부작용이 심하다는 후기를 보고 한 번도 써 보지 않았다.
 '어떤 부작용인지는 모르겠지만 일단 써 보자. 다른 방법이 없어.'
 마방진은 다시 한번 천재 앞으로

개 찾음

날아갔다.

"유령 장풍! 유령 위노를 쫓아내라!"

과연 유령 장풍은 설명서에 적힌 대로 엄청난 바람을 일으켰다. 위노는 강한 바람의 힘에 밀리지 않으려고 가로등을 잡고 매달렸지만 거센 장풍을 이길 수 없었다. 천재의 머리카락은 펄펄 날리다 못해 뽑힐 지경이었고, 피부는 바람에 밀려 구멍이 뚫리기 직전이었다.

"으으으, 그마해, 그마안."

위노가 입을 벌리자 유령 장풍은 천재의 이빨까지 빼려고 흔들어 댔다. 그래도 위노는 천재의 몸을 포기하지 않았다.

"으으으, 그마해, 그마안. 천재의 모미 으으으, 다쳐."

정말로 천재의 곱슬머리가 한 움큼 뽑혀 나갔다. 마방진은 눈물을 머금고 장풍을 멈췄다. 천재의 몸을 다치게 할 수는 없었다. 위노 스스로 천재의 몸을 버리고 나가게 할 다른 방법이 필요했다.

마방진이 그날 온종일 위노를 졸졸 따라다니며 천재의 몸에서 내쫓을 궁리를 했다. 그러다 좋은 방법을 찾아냈다. 그건 바로 위노의 승부욕을 건드리는 것이었다.

"좋았어, 위노. 나랑 내기하자. 네가 좋아하는 드론으로 승부하면 어때? 얼마 후에 있을 국제 미스터리 드론 레이싱

대회에서 내가 이기면 천재의 몸에서 나가는 거야. 네가 이기면 네 마음대로 하고. 설마 자신 없는 건 아니지?"

"감히 드론으로 나한테 덤비겠다고? 얼마든지. 드론 레이싱 내기라면 당연히 나의 승리니까. 나, 몰라? 드론 영재 위노라고!"

위노는 마방진이 던진 미끼를 덥석 물었다.

"난 유령이라 드론을 직접 조종할 수 없으니까 내가 정한 사람과 경기를 하면 어때?"

"물론이지. 단단히 준비하라고. 그래도 날 이길 수는 없겠지만."

위노는 벌써 경기에서 이긴 듯 으스대며 잘난 척했다. 마방진이 예상한 대로였다.

마방진은 '진짜 천재'를 찾아가 드론 경기에서 이겨 달라고 부탁하기로 했다. 진짜 천재는 바로 안천재의 절친인 진지한이었다. 마방진은 지한이에게 훨훨 날아가, 우선 지한이의 안경에 유령을 볼 수 있는 특수 전파 장치를 붙였다.

"오동통한 몸집, 팔랑거리는 꼬리. 혹시 유령? 세상에 정말로 유령이 있단 말이야?"

지한이는 유령을 직접 보고도 믿을 수 없었다. 마방진은

 대답 대신 지한이의 이마에 쪽 유령 뽀뽀를 했다. 사람이 유령 뽀뽀를 받으면 유령과 함께했던 기억이 주르르 떠오른다. 지한이는 예전에 마방진과 함께했던 으스스한 유령 기억을 모두 떠올렸다.
 "앗! 수학 탐정 유령 마방진 형, 웬일이에요?"
 마방진은 천재가 위노라는 유령에게 몸을 도둑맞았다고 털어놓았다. 지한이는 금방 상황을 이해했다.
 "제가 미스터리 드론 레이싱에서 유령 위노를 이기면 천재의 몸을 되찾을 수 있다는 거죠?"
 "그래. 너, 드론에 대해서는 좀 아니?"
 "물론이죠. 드론의 원리·역사·종류·만드는 법, 날리는 법·드론이 경제에 미치는 영향 등 드론의 모든 것을 다 알아요. 천재가 취미로 드론을 날리기에, 관심이 생겨서

알아봤죠."

"다행이다. 넌 진짜 천재니까 위노를 이길 수 있을 거야. 역시, 좋은 생각이었어!"

마방진이 활짝 웃었다. 하지만 웃기는 아직 일렀다. 지한이는 알쏭달쏭한 표정으로 이렇게 덧붙였다.

"실제로 드론을 날려 본 적은 없어요. 이론만 완벽하죠."

"뭐? 그럼 어떡해!"

"친구를 위해서 최선을 다해야죠. 날마다 연습해서 꼭 이길게요."

"나도 최선을 다해 도울게."

지한이와 마방진의 눈빛이 활활 불타올랐다.

그 시각, 공포의 여왕 나주리의 눈빛도 활활 타올랐다. 주리는 '공포의 여왕' 블로그에 올릴 끔찍하고 미스터리한

사건을 찾아 헤매는 중이었다. 귀신산 UFO 사건 이후 소름 끼치는 이야기를 블로그에 하나도 못 올렸다. 주리는 마음이 급했다. 그래도 루마니아의 드라큘라 백작이나 70년 전 미국 로스웰에 추락했다는 UFO, 30년 전 한국 초등학생들을 벌벌 떨게 했다는 홍콩 할매 귀신 따위를 쓰고 싶지는 않았다. 너무 먼 옛날, 먼 곳에서 일어난 일이니까. 주리는 현재 진행형, 생활 밀착형 미스터리와 공포를 원했다.

"우리 동네 유령 괴담을 찾아야 해. 귀신산이 딱인데! 귀신산은 소문만 무성하고 왜 진짜 귀신이 안 나타나는 거야?"

한을 품은 처녀 귀신처럼 방방 뛰던 주리의 머릿속에 문득 미스터리 드론 레이싱 경기장의 사고가 떠올랐다. 멀쩡히 잘 날던 드론이 갑자기 뚝 떨어진 의문의 사고! 세계 드론 챔피언인 백발마녀의 실수는 아니라고 했고 드론에 문제가 있었던 것도 아니라고 했다. 원인 미상! 원인이 미스터리에 빠졌다는 뜻이다.

"드론에 유령이라도 씐 거야?"

주리는 사고 사진을 찾아보았다. 최첨단 드론으로 생생하게 찍은 사고 사진과 영상이 인터넷에 떠돌고 있었다. 주리는 날카로운 눈으로 사진과 영상을 세심하게 훑었다.

영상에서 백발마녀의 은빛 쿼드콥터(회전 날개가 4개인 드론)는 엄청난 속도로 묘기 비행을 했다. 리듬을 타듯, 춤을 추듯 아름답게 하늘을 누비던 실버 드론은 한순간, 유령이라도 만난 듯 갑자기 멈추더니 그대로 떨어졌다. 엄청나게 빠른 속도로! 겨냥이라도 한 듯 관중석으로! 하필이면 곱슬머리 안천재의 머리 위로! 백발마녀는 조종기를 힘껏 밀어 올려 드론을 띄우려 했지만 추락을 막을 수 없었다. 드론과 조종기의 신호가 끊겼을 때 자동으로 처음 날린 장소로 돌아오는 기능인 '리턴 투 홈' 명령도 듣지 않았다. 놀란 천재는 기절했지만 다행히 드론은 천재의 몸 위가 아니라 바로 옆에 떨어졌다.

"사진에 특별히 이상한 점은 없어. 저 얼룩만 빼면. 최첨단 드론 카메라에 지문이라도 묻었나?"

주리는 다시 한번 영상을 돌려 보았다. 추락하는 실버 드론 뒤로 연기처럼 희뿌연 얼룩이 따라오다 천재의 몸 위에서 사라졌다.

'혹시……?'

주리는 그동안 모아 둔 유령 사진 파일을 열었다. 사진 속에는 시체 같은 유령, 그림자 같은 유령, 풍선처럼 둥실한 유령 등이 희끄무레하게 찍혀 있었다. 천재 옆으로 추락한

실버 드론 사진과 영상에 나온 희뿌연 얼룩처럼 말이다.
쿵! 주리의 심장이 내려앉았다.

"세상에! 설마, 진짜 유령이야?"

사고를 당한 날, 천재가 불던 능숙한 휘파람이 떠올랐다.

"유령이야. 확실해. 천재 몸에 유령이 들어간 거야. 으아아앗, 아깝다! 나한테 들어올 수도 있었는데."

주리는 아쉬워서 방방 뛰었다가 '이히히히.' 하고 소름 끼치게 웃었다. 비록 공포의 '유령' 여왕은 못 되었지만, 유령 친구를 얻었으니 블로그를 빛낼 써늘하고 끔찍한 괴담은 쓸 수 있게 되었다.

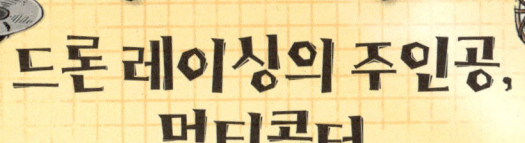

드론 레이싱의 주인공, 멀티콥터

누구보다 빠른 드론으로, 드론 레이싱의 천재가 되고 싶다면? 빠른 속도를 원한다면 드론 중에서도 고정익기(날개가 일반 비행기나 전투기처럼 붙어 있는 드론)를 추천한다. 고정익기는 속도가 매우 빠르고, 멀리까지 날아갈 수 있어 군사용 드론으로 쓰인다.

하지만 고정익기로는 드론 레이싱의 천재가 되기 어렵다. 활주로 없이도 붕 떠올라, 자유롭게 방향을 바꾸고 장애물을 통과하는 멋진 묘기를 선보이고 싶다면 프로펠러가 여러 개 달린 '멀티콥터'가 훨씬 낫다. 멀티콥터는 회전 날개를 빠르게 돌려서 날아오르고 날개의 속도를 조절하여 방향을 바꾼다. 이 덕분에 고정익기보다 빠르고 자유롭게 비행할 수 있다.

엄마에겐 너무 비싼 거인 드론

흰둥이는 송곳니를 드러내며 으르렁대다가 기어이 위노의 양말을 물어뜯었다.

"으악, 피, 피, 피! 엄지발가락에 피가 나면 열흘 동안 재수 없는데! 어머니, 흰둥이가 나를 물었어요."

위노는 진짜로 물리지도 않았으면서 호들갑을 떨며 소리쳤다. 여동생 미소가 와서 냉큼 흰둥이를 안았다.

"엄마, 오빠가 흰둥이 때렸나 봐. 그래서 흰둥이가 오빠를 물었는데 피는 안 났어."

천재 엄마는 한숨을 푹푹 쉬고 혀를 쯧쯧 찼다.

"어째 요즘은 미소랑 덜 싸운다 했더니 흰둥이랑 싸우니?

그리고 때리기까지 해? 너, 천재 맞니?"

위노는 숨이 턱 막혔다. 흰둥이 때문에 벌써 정체를 들킨 건가?

"흰둥이가 널 얼마나 좋아했는데 왜 이렇게 된 거야? 솔직히 말해 봐. 너 흰둥이한테 뭔 짓을 한 거니?"

천재 엄마는 흰둥이가 너무 불쌍하다는 듯 안고 쓰다듬었다. 엄마를 등에 업은 흰둥이는 다시 한번 허연 이빨을 드러냈다. 그러고는 조금의 틈만 보이면 위노를 확 깨물어 내쫓겠다는 굳은 의지로 으르렁거렸다. 위노는 미소에게 도움의 눈길을 보냈다.

"오빠가 맨날 흰둥이 공을 뺏으니까 그렇지."

미소는 혀를 메롱 내밀었다.

'역시 동생은 도움이 안 돼. 형제와 남매는 절대 만날 수 없는 평행선처럼 절대로 친할 수 없는 사이야.'

위노는 틈만 나면 자신을 놀리던 형을 떠올리며 얼굴을 찌푸렸다.

"안 때렸다니까요. 미친 건 흰둥인데 왜 나한테 뭐라고 해요? 알았으니까 흰둥이는 그냥 두고 드론이나 사 줘요. 국제 미스터리 드론 레이싱 대회에서 우승할 거예요."

"드론? 우승? 푸하하핫! 천재야, 헛소리 좀 그만해. 드론으로 대학에 갈 것도 아니고 하나 있음 됐지, 뭘 또 사니? 못 사 줘."

천재 엄마는 단호했다. 위노는 언제나 자신을 믿고 밀어주던 자신의 어머니가 떠올라 눈물이 핑 돌았다.

"울어도 소용없어. 안 사 줄 거니까."

천재 엄마는 냉정하기까지 했다. 위노는 자신이 눈물을 흘릴 때마다 '괜찮니?'라며 안아 주던 어머니가 그리워 미칠 것 같았다. 그 순간, 위노는 결심했다. 드론 레이싱 대회에서 우승하여 천재의 몸을 영원히 차지한 다음, 상금을 받아 어머니를 만나러 가기로. 그전에 우선 얼음장 같은 천재 엄마를 설득해 드론부터 사고 말이다.

"드론 사 줘요. 드론! 드론 레이싱 대회에서 우승하려고 내가 무슨 짓을 했는데 여기서 포기할 순 없다고요."

위노는 빽 소리를 질렀다. 천재 엄마가 뜨악한 표정을

지으며 물었다.

"무슨 짓을 했는데?"

흡! 위노는 입을 꼭 다물었다. 천재 엄마에게 '아줌마 아들의 몸을 훔쳤지롱.'이라고 말할 수는 없었다.

"입이 있어도 할 말이 없지? 드론 그거 날려서 어디다 쓰니? 그거 살 돈 있으면 영어 책을 사야지. 너 정말 영어는 어쩔 거니? 요즘 수학은 좀 하던데 영어는 어째 갈수록 엉망이냐. 지한이는 벌써 영어는 다 뗐고, 중국어에 스페인어까지 좔좔좔 하던데……."

천재 엄마는 느닷없이 영어 공부 이야기를 꺼냈다. 공부로 화제를 돌려 천재의 조르기 공격을 피하려는 전략이었다. 그것은 천재 엄마의 결정적인 실수였다. 위노는 영어의 본고장, 영국에서 온 유령이 아닌가!

"영어? 영어만 잘하면 드론을 사 줄 거죠? 내가 원하는 기종으로! 무조건! 약속해요."

"그래. 아무리 비싸도 사 줄 테니 영어만 잘해. 좔좔, 오케이?"

엄마의 말이 끝나기도 전에 위노는 영어로 말하기 시작했다. 진짜 영국 사람처럼 유창하고 길게, 좔좔좔, 한참 동안 영어로 떠들었다. 천재 엄마가 듣도 보도 못한

어려운 영어 단어까지 팍팍 써 가면서 말이다. 천재 엄마는 놀람과 기쁨으로 두 눈이 휘둥그레졌다.

"어머, 천재야! 언제부터 그렇게 영어를 잘했어?"

"드론 경기를 시작하면서부터죠. 드론 경기는 외국에서도 많이 열리니까 미리 배워 뒀어요."

위노는 거짓말도 좔좔 잘했다. 천재 엄마는 그것도 모르고 감동의 눈물을 줄줄 흘렸다. 흰둥이를 내려놓고 위노를 덥석 안았다. 위노는 자신의 엄마처럼 포근한 천재 엄마 품에서 죄책감을 느꼈다.

천재와 천재 엄마, 자신의 엄마에게 모두 미안했다. 위노는 몸을 슬쩍 빼며 말했다.

"이제 드론 사러 가요."

"나는? 오빠만 드론 사 줘? 나도 공주폰 사 줘. 응?"

미소도 엄마를 졸랐다. 그 말을 영어로 했다면 모를까, 천재 엄마는 한국인이면 누구나 할 수 있는 한국말로 조른 소원을 들어줄 생각은 눈곱만큼도 없었다.

초대형 드론 매장에는 손바닥만 한 미니 드론부터 1m가 넘는 대형 드론까지 온갖 드론이 멋진 모습을 뽐내고 있었다. 위노는 군침을 뚝뚝 흘리며 구경했지만 천재

엄마는 뭐가 뭔지 통 알 수가 없었다.

"천재 어머니, 안녕하십니까? 안천재, 드론 사러 왔니?"

위노는 눈을 말똥말똥 뜨고 직원을 바라보았다. 천재의 머릿속에서 가물가물 떠오를 듯 기억이 잘 안 났다. 천재 엄마가 먼저 반갑게 인사를 했다.

"어머, 너, 로니 아니니? 오토바이를 타고 온 동네를 싸돌아다니던 문제아……, 가 아니라 호호호, 스피드를 즐기던 아이. 여기 취직했니? 너도 드론을 좋아해?"

그제야 위노도 로니 형이 생각났다. 천재와 같은 아파트에 사는 로니 형은 오토바이와 무선 조종 자동차에 푹 빠져서 중학교 3학년 때 학교를 그만두었다. 오토바이를 타고, 무지개 색으로 물들인 긴 머리를 휘날리며 다닐 때마다 어른들은 혀를 쯧쯧 찼다.

"아이고, 저 녀석. 나중에 후회하지. 커서 뭐가 되려고……."

위노는 로니 형을 다시 한번 쳐다보았다. 어른들의 예상과 달리 멀쩡한 어른이 된 것 같았다.

"이 멀티콥터들은 정말 아름답지 않나요? 멀티콥터란 몸체를 가운데 두고 프로펠러가 균등하게 배치되어 있는 드론이에요. 로터의 개수에 따라, 아, 로터는 프로펠러를

말해요. 바이콥터·트리콥터·쿼드콥터·헥사콥터·옥토콥터 등으로 불러요. 이 드론들은 레이싱용 드론과 전문가용의 비싼 장비들이에요. 대형 헥사콥터와 옥토콥터는 방송용이나 드론 택배용으로 사용되고 있어요. 로터가 많을수록 안정적으로 비행할 수 있으니까요."

　천재 엄마는 로니 형의 설명을 듣고도 뭐가 뭔지 몰랐지만 입을 떡 벌리고 감탄했다. 말썽쟁이 로니가 멋진 드론 전문가로 성장한 모습에 감동했기 때문이다.

　"아유, 로니야. 정말 멋지구나! 우리 천재가 무슨 드론

레이싱 대회에 나갈 거라는데 좋은 드론 좀 추천해 줘. 너무 비싸지 않은 걸로. 호호호."

"와! 천재가 드론 레이싱 대회에요? 꼬맹이, 어느새 많이 컸구나! 코를 찔찔거리며 다니던 때가 엊그제 같은데……."

로니는 천재의 고슬고슬한 앞머리를 흐트러뜨리며 유쾌하게 웃었다. 위노는 기분이 팍 상했다. 하필이면 멍멍이 장난감을 빼앗고 코나 찔찔거리는 이상한 아이의 몸에 들어와서 무시를 당하다니. 자신은 드론 챔피언이 될 몸인데 말이다! 위노는 고개를 치켜들고 거만하게 말했다.

"전 레이싱 드론을 살 거예요. 레이싱용 초대형 드론을 보여 주세요. 새로운 프리스타일 경기를 펼쳐서 우승을 할 거거든요."

"우승? 설마 너 미스터리 드론 레이싱 대회에 나가냐? 꿈 깨라. 그 대회 우승자는 바로 나야. 백발마녀라고 쟁쟁한 경쟁자가 있지만 그동안 갈고닦은 내 실력으로 이길 수 있어."

"흥! 형이야말로 꿈 깨요. 난 이 드론으로 우승할 거예요."

위노는 검은 몸체에 선명한 주황색 프로펠러가 달린 120만 원짜리 거인 드론을 골랐다. 로니가 놀라서 천재와 엄마를 쳐다보았다. 천재 엄마도 눈이 튀어나올 것 같았다.

천재의 영어 실력에 혹해서 왔지만 120만 원은 너무 비쌌다.

"천재야, 이건 너무 비싸."

천재 엄마가 단호하게 고개를 젓자 위노는 좔좔좔 영어로 말하기 시작했다. 능숙하게 꼬부랑거리는 위노의 영어에 최면이라도 걸린 듯 천재 엄마는 즉시 카드를 꺼냈다. 로니가 카드를 받아들고 말했다.

"과연 이 드론을 잘 조종할지 모르겠지만 좋은 상품이에요. 최신 초대형 레이싱 드론이거든요. 마침 30% 세일 중이기도 하고요. 원래 가격이 120만 원이니까

30% 세일을 하면……, 30% 가격만큼 깎아 준다는 뜻이니까……."

로니 형은 계산하는 데 한참 걸렸다. 중학교 3학년 때 학교를 그만두는 바람에 수학 실력이 형편없었다. 하지만 위노의 수학 실력은 괜찮았다. 드론 레이싱을 하려면 드론의 크기와 프로펠러의 길이를 비교하고, 배터리의 양과 비행 거리를 계산하고, 속력을 계산하는 등 수학이 필수였다. 공부를 싫어했지만 드론을 무척 좋아했던 위노는 어쩔 수 없이 수학 공부를 했고, 그것이 차곡차곡 쌓여 훌륭한 실력이 되었다. 위노는 그 수학 실력을 이번 기회에 마음껏 뽐냈다.

"%(퍼센트)는 백분율을 나타내는 기호예요. 백분율은 100을 기준으로 했을 때 얼마인가를 나타내는 비율이니까 30%는 $\frac{30}{100}$으로 바꿀 수 있어요.

원래 가격 1,200,000원의 30%는,
$1200000 \times \frac{30}{100} = 360000$(원)이니까 30% 할인된 가격 120만 원에서 36만 원을 뺀,

$1200000 - 360000 = 840000$(원)이에요.

다른 방법으로 계산할 수도 있어요. 30% 세일이라면 원래 가격의 70%만 받고 판다는 뜻이니까,

$$1200000 \times \frac{70}{100}$$
$$=840000(원).$$

84만 원이에요."

"와! 천재 너, 이제 보니 수학 천재구나!"

로니는 손뼉을 치며 감탄했다. 하지만 카드를 든 엄마의 손은 여전히 사시나무처럼 부들부들 떨렸다. 아들의 영어 솜씨에 잠시 나갔던 넋이 너무 비싼 가격에 놀라 돌아왔기 때문이었다.

"로니야, 이웃 좋다는 게 뭐니! 조금만 더 깎아 주렴."

"그럼 특별히 5% 더 할인해 드릴게요. 초등학생이 드론을 더 많이 날렸으면

좋겠다는 제 마음을 담아서요."

이번에는 로니가 직접 계산했다. 방금 천재에게 배운 것을 바로 써먹었다.

"5% 할인이라면 원래 가격의 95%만 내면 되니까 840000×0.95=798000(원). 79만 8천 원입니다."

딩동! 카드는 79만 8천 원을 단숨에 결제해 버렸다.

집으로 돌아오는 길에 마음이 헛헛해진 천재 엄마는 자꾸 발을 헛디뎠다. 위노는 신나서 팝송을 불러 댔다. 천재 엄마는 그나마 아들의 영어 노래 실력에 힘을 얻어 길에서 쓰러지지 않고 무사히 돌아올 수 있었다.

집 앞에 도착한 위노는 문득 하늘을 올려다보았다.

'근데 블랙은 어디 갔지? 혼자 유령 세계로 올라갔나? 의리는 없지만 잘됐네. 이제 드론 유령은 필요도 없으니까.'

그때 먼 하늘에 둥둥 떠 있던 블랙이 불만스러운 듯 빨간 불을 반짝이다 사라졌다.

강변 공원에 나타난 공포의 거인 드론

위노는 거인 드론을 끌고 강변 공원으로 나왔다. 커다란 가방에서 검고 반들반들한 초대형 드론이 나오자 250급 드론을 날리던 아줌마와 아이가 눈을 반짝이며 다가왔다.
"와! 드론 엄청 크구나. 촬영용이야?"
"레이싱용이죠!"
위노는 한껏 으스댔다.
"정말? 멋지다! 드론이 커서 맨눈으로도 날아다니는 모습을 잘 볼 수 있겠는데? 드론이 비행하다가 촬영한 영상을 보면 마치 내가 드론을 직접 타고 있는 것처럼 신이 났지만 어지럽기도 했거든. 이건 정말 대단하네!

크기가 얼마나 되니?"

"아줌마 드론보다 3배 이상 커요. 아줌마 드론은 250mm죠? 이건 900mm예요. 로터의 축간거리, 즉 이 프로펠러의 중심에서 저 프로펠러의 중심까지 대각선의 길이가 900mm, 즉 90cm예요. 레이싱을 하기 딱 좋은 길이죠. 예전에 1,200mm짜리도 날려 봤는데 좀 무겁더라고요."

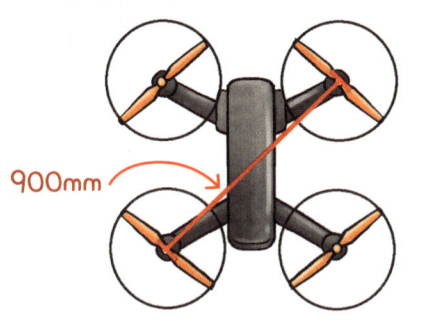

"대각선이 뭐야, 형?"

아줌마 옆에 선 아이가 눈을 말똥말똥 뜨고 물었다. 위노는 존경하는 눈빛으로 바라보는 아이에게 천재 영웅이 되고 싶었다. 그래서 자신과 천재의 기억 속에 있는 수학 지식을 몽땅 꺼내 상냥하게 알려 주었다.

"대각선이란 다각형에서 이웃하지 않은 두 꼭짓점을 이은 선분을 말해. 다각형은

삼각형·사각형·오각형·육각형 등 셋 이상의 직선으로 둘러싸인 평면도형이야."

위노는 땅바닥에 다각형을 그리고 대각선도 그려 보였다.

"삼각형은 이웃하지 않은 꼭짓점이 없어서 대각선을 그릴 수 없어. 사각형은 대각선이 2개, 오각형은 대각선이 5개, 육각형은 대각선이 9개야."

위노가 땅바닥에 다각형과 대각선을 그려 가며 열심히 설명할 때였다. 설명을 듣던 아이가 갑자기 물었다.

"그럼 칠각형의 대각선은요?"

순간 위노의 말문이 막혔다. 칠각형은 한 번도 그려 본 적이 없어서 대각선 개수를 몰랐다. 한껏 잘난 척하다가 이렇게 망신을 당하는 건가? 걱정하던 위노의 머릿속에 번쩍 대각선 수의 규칙이 떠올랐다. 그것은 천재의 기억 속에 있는 수학 지식이었다.

"대각선은 직접 그리지 않아도 몇 개인지 알 수 있어. 이 표를 보고 규칙을 찾아봐.

	사각형	오각형	육각형	칠각형
대각선의 수	2	5	9	?

+3 +4 +5

다각형의 대각선 수는 3개, 4개, 5개……, 이렇게 규칙적으로 늘어나. 이 규칙대로라면 칠각형은 육각형보다 대각선의 수가 5개 많으니까, 9+5=14.

칠각형의 대각선은 14개야. 직접 그려서 확인해 볼래?"

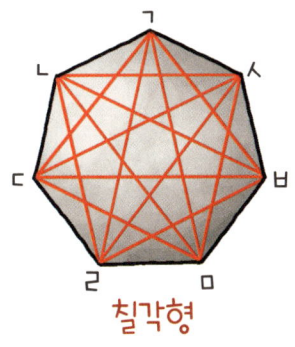

칠각형

천재는 흙바닥에 정성껏 칠각형을 그렸다. 그리고 아이에게 대각선을 그려 보라고 했다. 말이 끝나기 무섭게 아이는 천재가 그린 칠각형 안에 대각선을 그리기 시작했다.

그 시각, 주리는 강변 공원 구석에 숨어 영상이 나오는 화면을 보고 있었다. 몰래 띄운 미니 드론이 천재의

집에서부터 공원까지 쭉 미행하며 천재가 눈치채지 못하게 찍어 보낸 영상이었다.

"수학 잘하고 상냥한 순수 초딩인 걸 보면 천재는 아직 천잰 것 같은데……. 그럼 유령은 어디 있지? 설마, 유령이 들어왔다가 벌써 나간 건 아니겠지?"

주리는 천재에게 다가가려다 멈칫했다. 드론으로 엿본 것을 들키면 천재가 엄청 화를 낼 게 분명했다. 사생활 침해라고, 남을 엿보는 파렴치한이라고 말이다.

"아니야! 난 천재가 아니라 유령을 관찰한 거야. 그런데 유령도 사생활이 있나?"

주리는 양심을 토닥이며 고개를 갸웃거렸다.

우우웅. 갑자기 엄청난 굉음을 울리며 거대한 검은 비행 물체가 쌩쌩 날았다. 공원에서 놀던 사람들은 놀라서 하늘을 쳐다보고는 꽥꽥 소리를 질렀다. 정체를 알 수 없는

거대한 검은
드론이 롤러코스터처럼
위태롭게 곡예비행을
하고 있었다. 금방이라도
사람들의 머리 위로 뚝 떨어질 것처럼 내려왔다가
언제 그랬냐는 듯 매끈하게 솟구쳐 올랐다. 영화였다면
스릴 만점이었겠지만 현실에서는 공포 그 자체였다.
사람들은 꺅꺅 소리를 지르며 머리 위에서 쌩쌩 나는
드론을 피해 이리저리 뛰어다녔다. 처음에는 신난다고
탄성을 지르던 아이들도 무서워서 울음을 터트렸다. 산책
나온 개들도 하늘을 보고 일제히 짖어 댔다. 강변 공원은
순식간에 괴비행체가 나오는 공포 영화의 한 장면이 되어
버렸다. 말 그대로 아수라장이 따로 없었다.

주리는 허리를 반쯤 숙이고 달려가 조종기를 잡고 있는
천재의 손을 덥석 잡았다. 위노가 버럭 소리를 질렀다.

"뭐야? 조종을 방해하면 위험한 거 몰라? 드론이 추락할
수 있다고!"

"나도 그게 걱정이야. 저 거대한 드론 좀 지금 당장

착륙시켜 봐."

"대체 내 연습을 왜 방해하지? 너도 드론 레이싱 챔피언이 되고 싶어서? 내 경쟁자라도 되겠다는 거야? 아님 탐정 유령이 시켰어? 나를 방해하라고? 그런다고 자기가 우승할 수 있을 줄 알아?"

위노는 신성한 연습을 방해하는 주리를 참아 줄 수 없었다. 화를 버럭버럭 내며 거인 드론을 주리의 머리 위에서 쌩쌩 돌렸다. 주리를 위협하려는 속셈이었다. 평소의 주리 같으면 꽥꽥 소리를 지르며 공포를 즐겼을 것이다. 하지만 지금은 조금도 신나지 않았다.

"멈춰! 그만두라고! 사람들이 겁에 질렸잖아. 이건 신나는 공포가 아니라 폭력이야."

주리는 다시 한번 천재의 조종기를 붙잡고 엄하게 말했다. 위노는 주리의 손을 핵 뿌리쳤지만 드론을 착륙시키기는 했다. 사뿐하게 내려앉은 드론을 보고 주리가 물었다.

"저 드론은 몇 kg이니? 12kg은 넘는 것 같아."

"당연하지. 내 거인 드론 위너는 무려 28kg이야. 묵직함에서 뿜어져 나오는 카리스마가 느껴지지?"

"그렇구나. 항공청에서 허가는 받았어? 무게가 12kg이

넘는 무인 비행 장치는 항공청에 신고해야 띄울 수 있어. 신고를 했다면 주말에, 사람들이 많이 쉬고 있는 공원에서 저렇게 크고 무거운 드론의 비행을 허가했을 리가 없어. 넌 지금 불법을 저지른 거야."

위노가 아차, 하는 표정을 지었다.

"게다가 고도 150m 이상은 비행 금지인데 딱 봐도 더 높이 올라간 것 같네. 이렇게 불법을 많이 저지르다니, 이건 순수 초딩 안천재가 할 짓은 아니지. 너!"

주리가 천재의 눈을 똑바로 쳐다보며 물었다.

"천재 아니지? 유령이지?"

위노는 너무 놀라 0.0001초 동안 기절했다. 도둑 유령이 기절을 하면 원래 몸의 영혼이 도둑 유령을 쫓아내고 몸을 되찾을 수 있다. 하지만 위노가 너무 빨리 정신을 차리는 바람에 천재는 절호의 기회를 놓치고 말았다.

'아깝다! 주리야, 위노를 좀 더 괴롭혀 줘. 뒤통수라도 한 대 때려서 기절시켜 줘. 부탁해.'

유령 위노의 엉덩이 밑에 깔린 천재가 소리쳤지만 인간 주리는 듣지 못했다. 주리의 의심에 뜨끔해진 위노는 허허, 웃으며 너스레를 떨었다.

"말도 안 되는 소리! 주리야, 나 천재야, 안천재. 네 절친

안천재. 드론 천재 안천재. 미스터리 드론 레이싱에서 우승할 진짜 천재 안천재라고."

"정말 자신만만하구나. 그 자신감, 어디서 사 왔니? 예전엔 안 그랬잖아."

위노의 얼굴색이 확 변했다. 주리는 천재의 곱슬머리를 만졌다.

"너, 앞머리 색깔도 좀 옅어진 것 같아. 눈 색깔도."

위노는 주리의 손을 탁 치며 고개를 돌렸다.

"상관 마. 남의 머리카락을 왜 만져?"

"천재야, 내 눈을 봐. 너, 진짜 천재니 가짜 천재니?"

"꺼져."

천재가 홱 돌아섰다. 그 순간, 주리는 천재가 진짜 천재가

아니라고 확신했다. 공포의 여왕이 가진 직감이었다. 주리는 울컥 눈물이 났다. 천재에게 유령이 들어가면, 유령 친구가 생겨서 재미있을 줄 알았다. 하지만 조금도 재미있지 않았다.

천재 몸에 들어간 나쁜 유령이 천재에게 나쁜 짓을 시킨다면? 아까처럼 사람들을 위협한다면? 친구들을 배신하게 한다면? 주리는 덜컥 겁이 났다. 유령 괴담이 아무리 좋아도, 블로그의 명성이 아무리 탐나도 친구와 바꿀 정도는 아니었다.

"천재야, 기다려. 공포의 여왕 나주리 님께서 꼭 너를 구해 주마!"

주리는 주먹으로 눈물을 훔치며 굳게 다짐했다.

화성 하늘에 드론이 둥둥 떠다닌다고?

2030년이면 인류는 화성에 갈 수 있을 것이다. 실제로 몇 년 뒤, 미국 항공 우주국에서는 화성 탐사선에 드론을 실어 보낼 계획이다. 그동안 화성 탐사는 주로 로봇이 담당했는데, 험난한 지형 때문에 다양한 정보를 얻기 어려웠다. 하지만 상황이 달라졌다. 드론이 하늘을 날아다니며 사진을 찍고 대기를 분석하는 등 다양한 활동을 하게 된 것이다. 미국 항공 우주국에서는 벌써 화성 탐사용 드론을 개발했고 화성과 비슷한 지형에서 시험 비행도 마쳤다. 유럽 우주국에서도 화성에 보낼 드론을 개발하고 있다. 이제 우리는 드론이 찍어서 보내 줄 화성 사진을 볼 날이 머지않았다.

유령을 부르는 도형 주문

국제 미스터리 드론 레이싱 대회에 출전할 지한이의 드론은 350급 쿼드콥터였다. 초보자에게는 조금 큰 크기였지만 위노의 거인 드론과 맞서려면 그 정도는 해야 했다.

"레이싱에는 사각형 X 프레임이 좋대요. 무게 중심을 아래로 두는 게 유리하니까 배터리를 몸체 밑에 달고, 프로펠러는……."

드론이 세상에 생겨나기도 전에 죽은 유령 마방진은 드론에 대해

아무것도 몰랐고, 딱히 알고 싶지도 않았다. 하지만 입이 찢어져라 웃으며 기쁘게 설명을 들었다.

"역시 진짜 천재는 다르구나. 모르는 게 없어! 미스터리 드론 레이싱 대회 우승은 받아 놓은 밥상이야. 우린 천재의 몸에서 도둑 유령 위노를 꼭 쫓아낼 수 있을 거야."

마방진은 가벼운 마음으로 드론 레이싱 연습장에 따라갔다. 감탄도 잠시, 마방진은 좀처럼 떠오르지 않는 드론을 보며 가슴을 탕탕 쳤다. 지한이는 사용 설명서를 외우고 드론 레이싱 요령도 이론으로 정확히 익혔지만 드론을 띄울 수 없었다. 조종기 스틱을 올리면 4개의 프로펠러가 고속으로 회전하면서 드론이 슝 솟아오른다는 사실은 잘 알았다. 다만 프로펠러가 윙윙 소리를 내면 놀라, 조종기에서 손을 떼는 게 문제였다. 지한이는 불쌍한 개와 고양이를 구하기 위해서라면 물불을 가리지 않았지만 기계 앞에서는 한없이 약했다. 벌벌 떨며 드론을 날리던 지한이는 용감한 천재는 아니었다. 그 반대라면 모를까!

"어어어, 어어어, 어어어……."

한참을 씨름한 끝에 지한이의 드론은 겨우 몇 센티미터 떠올랐다. 전진과 후진은 불가능했다. 드론 대신 지한이가 조종기를 들고 앞으로 뒤로, 오른쪽으로 왼쪽으로 위태롭게

움직였다.

"어떡해요. 앞에 있는 로터는 천천히, 뒤에 있는 로터는 빨리 움직여야 전진을 하잖아요. 나는 방향 조종간을 밀고……, 어어어!"

마방진은 눈을 꽉 감아 버렸다. 너무 불안해서 차마 눈을 뜨고 볼 수가 없었다. 한참을 연습해도 지한이의 실력은 늘지 않았다. 마방진은 지한이 대신 다른 선수를 찾아볼까, 고민했지만 너무 열심히 하는 지한이에게 차마 그런 말은 꺼낼 수도 없었다.

지한이는 학교가 끝나면 쏜살같이 미스터리 드론 레이싱 경기장의 보조 연습장으로 달려가 배터리를 바꿔 가며 몇 시간씩 드론을 날렸다. 잘 안 된다고 짜증을 내지도 않았고 조금 나아진다고 건방지게 굴지도 않았다. 늘 같은 자세로 최선을 다하는 지한이를 보고 마방진은 진정한 천재의 자세를 배웠다.

'아유, 부끄러워라. 나는 천재 유령이라고 뻐기기만 했는데 지한이는 묵묵히 실력을 키워 가는구나!'

며칠이 지나자, 지한이의 드론도 전진과 후진을 하기 시작했다. 움직일 때마다 속도가 크게 떨어졌지만 점점

나아졌다. 마방진은 지한이의 드론을 쫓아 붕붕 날아다니며 드론이 추락하면 붙들어 주고, 드론이 기울면 균형을 잡아 주었다. 경기에 나가기도 전에 드론이 너덜너덜해질까 걱정이 되어서였다.

"마방진 형, 미안해요. 그리고 조심해요. 탄소 섬유 프로펠러는 끝부분이 날카로워서 다치기 쉽거든요. 형이 다치는 것보다는 프로펠러가 깨지는 게 훨씬 나아요. 따로 준비한 프로펠러는 얼마든지 있으니까요."

지한이는 여분으로 준비한 프로펠러 60개를 보여 주며 웃었다. 천재적인 준비성이었다.

"걱정하지 마, 지한아. 드론 유령의 프로펠러라면 모를까, 그냥 드론은 내게 위험하지 않아. 그나저나 우리에겐 특별한 조치가 필요해. 예선까지는 얼마 남지 않았는데 네 실력은……."

마방진은 거기서 말을 멈췄다. 지한이가 말했다.

"특별한 조치요? 전 책을 보며 스스로 익히는 편이지만 연습할 시간이 별로 없으니, 드론 전문가를 찾아가 배워야 할까요?"

"그것도 시간이 너무 많이 걸려. 안 되겠어, 지금부터 내가 무엇을 할지 더는 묻지 마. 네가 반대할지도

모르니까."
 "설마 옳지 않은 일은 아니겠죠?"
 속마음을 들킨 마방진은 얼굴이 빨개졌다. 승리를 위해서 경기하는 날, 위노에게 설사약을 먹이고 드론에 유령 껌이라도 붙일 생각이었다. 유령 껌은 영혼이 없는 기계나 장난감에 붙여 성능을 떨어뜨리는 유령 특수 장비였다.
 '좀 비겁하면 어때? 천재를 구해야지. 천재를 구할 수 있다면 나는 위노의 드론에 응가도 할 수 있어.'
 마방진은 히히히, 귀신 울음소리를 내며 날아갔다. 지한이는 재빨리 두 팔을 뻗어 마방진의 꼬리를 잡았다. 때마침 나타난 주리가 허공에 대고 소리치며 두 팔을

 허우적거리는 지한이를 보고 말았다.
 "지한아, 뭐 해?"
 "아이고, 먼지가 막 날아다니네. 먼지 때문에 드론이 잘 못 날아서. 훠이, 훠이, 먼지야, 날아가라."
 지한이는 주리에게 마방진을 들킬까 봐 호들갑을 떨며 딴청을 부렸다. 평소와 많이 달랐지만 주리는 천재 걱정으로 머릿속이 꽉 차서 눈치를 채지 못했다.
 "지한아, 큰일 났어. 지금 천재는 천재가 아니야."
 "뭐?"
 지한이는 너무 놀라서 얼음처럼 꽁꽁 얼어 버렸다. 허공에 있던 마방진도 놀라서 뚝 떨어졌다. 주리가 천재의 몸에 유령이 들어간 걸 알아차린 걸까?

"천재의 몸에 유령이 들어갔어."
알아차렸다!
"그, 그걸 네가 어떻게 알아?"
지한이는 저도 모르게 이렇게 묻다가 얼른 말을 바꿨다.
"하하. 주리야, 무슨 소리야? 우주선을 태양계 바깥으로 보내는 최첨단 세상에서 유령이라니! 유령은 그냥 재미야. 판타지, 상상의 세계라고."
지한이는 다시 논리적이고 합리적인 천재의 모습으로 돌아와 말했다. 주리가 평소와 달리 차분하게 물었다.
"지한아, 네가 천재인 건 알지만 정말 100% 확신할 수 있어? 유령이 존재하지 않는다는 사실을 말이야. 단 0.000001%의 가능성도 없다는 과학적인 증거를 보여 줄 수 있어?"
눈앞에 수학 탐정 유령 마방진이 팔랑거리며 날고 있는데 유령이 없다는 증거를 보이라니! 거짓말을 잘하지 못하는 지한이는 그만 말문이 막혔다. 주리는 금방이라도 울 것 같은 표정이었다.
"천재 몸에 그냥 유령도 아니고 나쁜 유령이 들어갔어. 천재는 변했다고! 지금 천재는 천재가 아니니까 변한 건 당연하겠지. 무결점 순수 초딩 안천재의 몸에 무례하고

못되고 폭력적인 유령이 들어간 것 같아. 나를 얼마나 무시하고 퉁명스럽게 대하는지 알아?"

"아, 그, 그건 천재가 사춘기라서 그렇지 않을까? 요즘 나한테도 엄청 그래."

"게다가 영어를 엄청 잘해. 영어 잘하는 안천재, 놀랍지 않니? 드론도 엄청 잘 날려. 아주…… 변했어. 몸속에 들어간 유령이 진짜 천재인가? 흠, 그건 좀 부러운데!"

"그동안 우리 몰래 공부를 열심히 했나 보네. 드론 연습도 엄청 하고. 하하하."

지한이는 주리의 의심을 풀기 위해 애썼지만 소용없었다.

"아니야. 내 미스터리 안테나가 수상하다고 말하고 있어. 공포의 여왕 직감이 얼마나 정확한데! 난 이 사건을 끝까지 파헤치겠어. 천재에게 진짜로 유령이 들어갔다면 내가 그 유령을 꼭 쫓아낼 테야. 다른 사람의 몸을 원한다면 내 몸을 희생해 줄 거야. 난 공포의 여왕이니까 제2의 인격으로 유령이 있는 것도 괜찮을걸? 다중 인격! 내 안에 유령 인격과 공포의 여왕 나주리의 인격이 동시에 존재하는 것이지! 흐흐흐."

울다가 웃다가, 천재를 걱정하다가 부러워하다가……. 주리는 정말 몸속에 2개의 인격이 있는 것처럼 정신없이

떠들었다. 그러다 보니 자신이 정말로 원하는 것이 천재의 몸속에 들어간 유령을 쫓아내는 일인지, 자기 몸에 유령을 부르는 것인지 스스로도 헷갈렸다.

그날부터 주리는 정말로 유령을 부르는 온갖 일을 시작했다. 할머니에게 부탁해 용한 무당에게 귀신 부르는 부적을 받아 와 밤낮으로 갖고 다녔다. 사고가 많이 났던 곳에 유령이

☐ 유령 선생,
둘레가 같은 도형 중 넓이가 가장 넓은 것은?
정사각형일까? 직사각형일까? 동그란 원일까?
바로 ☐ 이지.
☐ 유령 선생, 얼굴을 보여 줘요.
나랑 친구 해요.

모인다는 말을 듣고 한밤중에 교통사고가 났던 큰길 사거리를 서성이기도 했다. 유령이 가까이 오지 않을까 봐 마늘은 아예 냄새도 맡지 않았다. 십자가 목걸이와 팔찌도 다 버렸다. 인터넷에서 유령을 부른다고 소문난 보드게임도 주문했다.

주리는 밤 12시가 가까워 오자 유령을 부르는 보드게임을 시작했다. 그런데 유령 보드게임의 주문에서 가장 중요한 부분이 네모로 되어 있었다.

"도대체 네모 안에 뭐가 들어가야 맞지?"

주리는 골똘히 생각했다. 지한이에게 물으면 금방 알려 주겠지만 벌써 밤 11시라, 친구에게 전화하기 좋은 시각은 아니었다. 주리는 보드게임에 있는 줄자를 꺼내 왔다.

"이걸로 직접 만들어 보라는 건가?"

줄자의 길이는 60cm였다. 주리는 줄자를 구부려서 둘레가 60cm인 정사각형과 직사각형, 원을 만들고 넓이를 계산했다. 시간이 걸렸지만 주리는 주문을 완성했다.

"동그라미, 동그라미 유령 선생.

둘레가 같은 도형 중 넓이가 가장 넓은 것은?

정사각형일까? 직사각형일까? 동그란 원일까?

바로 원이지.

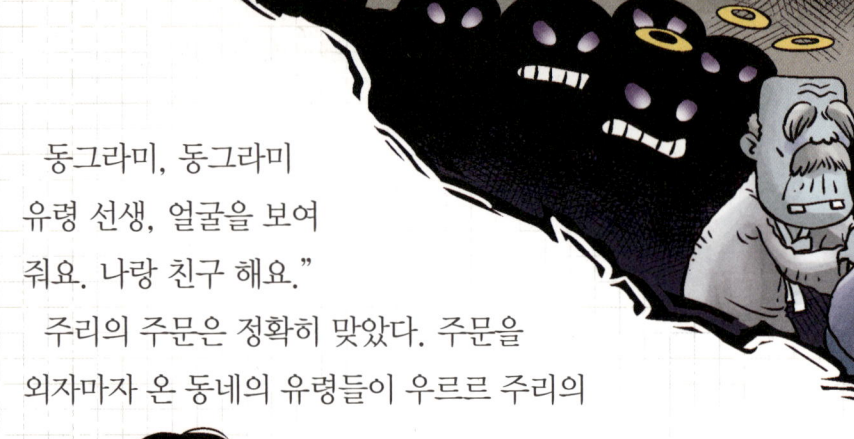

 동그라미, 동그라미 유령 선생, 얼굴을 보여 줘요. 나랑 친구 해요."
 주리의 주문은 정확히 맞았다. 주문을 외자마자 온 동네의 유령들이 우르르 주리의

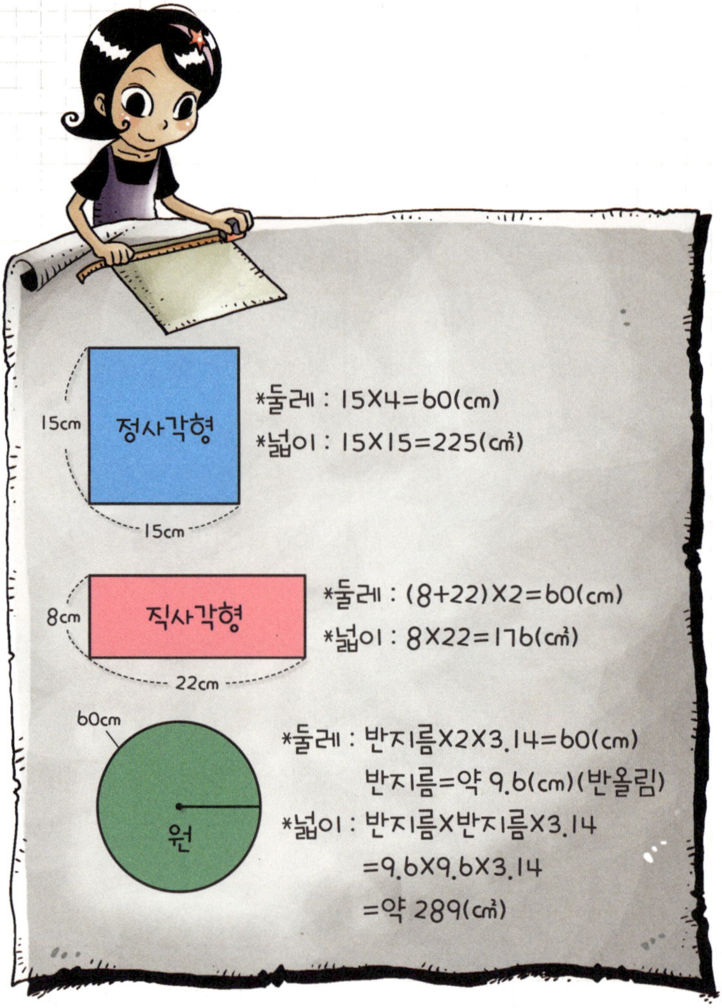

정사각형 (15cm × 15cm)
*둘레 : 15×4=60(cm)
*넓이 : 15×15=225(cm²)

직사각형 (8cm × 22cm)
*둘레 : (8+22)×2=60(cm)
*넓이 : 8×22=176(cm²)

원 (60cm)
*둘레 : 반지름×2×3.14=60(cm)
       반지름=약 9.6(cm)(반올림)
*넓이 : 반지름×반지름×3.14
       =9.6×9.6×3.14
       =약 289(cm²)

집으로 날아왔다. 1000년 전에 죽은 이 동네 터줏대감 할머니 유령부터 작년에 사거리에서 교통사고로 죽은 유령, 며칠 전에 돌아가신 동네에서 가장 나이 많은 101세 할아버지 유령까지 나타났다. 수학 탐정 유령 마방진도 누군가 자꾸 자기를 부르는 것 같아 피가 날 정도로 귀를 후비다가 결국

　주리의 집으로 날아갔다.
　"주리야, 너니? 네가 나를 불렀어?"
　주리는 대답하지 않았다. 아니, 대답할 수 없었다.
　부적은 주리 곁으로 유령들을 불러들였지만 인간인 주리는 그 유령들을 볼 수도, 듣거나 느낄 수도 없기 때문이었다.
　"뭐야, 유령이 왜 하나도 안 나타나? 주문이 틀렸나? 아님 이거 다 거짓말이야?"
　주리는 자신을 빤히 쳐다보는 유령들을 코앞에 두고 투덜거렸다. 불만이 많기로 치면 유령들도 못지않았다.
　"아가, 우리가 안 보이냐? 유령을 알아보지도 못하면서 왜 불렀어?"
　"억울한 사연을 들어줄 줄 알고 날아왔더니 헛걸음했네."
　"어린애들은 유령 같은 거 부르면 못써. 인간 세상에서 즐겁게 지내야지. 아가, 이젠 우리 부르지 마라. 응?"
　유령들은 혀를 쯧쯧 차며 사라졌다가 주리가 유령 주문을 외면 어쩔 수 없이 또 끌려와 투덜거렸다.

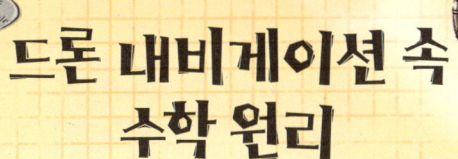

드론 내비게이션 속 수학 원리

머나먼, 지구 반대편으로 날아가 정찰하는 군사용 드론도 길을 잃을 수 있을까? 길을 찾아 주는 내비게이션이 드론에 들어 있어, 그럴 일은 없다. 내비게이션은 프랑스의 수학자 데카르트가 만든 좌표가 기본 원리이다.

한 물체의 위치를 알려 주는 좌표는 평면에 가로축과 세로축을 긋고 숫자를 적은 것이다. 가로축과 세로축의 숫자 2개를 알면 누구든지 어렵지 않게 위치를 찾을 수 있다.

이것을 지구에 적용한 것이 '위도'와 '경도'이다. 즉, 위도와 경도를 알면 위치를 쉽게 알아볼 수 있다. 드론이나 비행기는 공중을 떠가기 때문에 위도와 경도에 높이까지 추가된다. 따라서 위도와 경도, 높이를 나타내는 숫자 3개면 비행기나 드론이 지구 어느 지점에 있는지 알 수 있다.

희망을 품기에
충분한 확률

  국제 미스터리 드론 레이싱 대회의 예선 날이 되었다. 미스터리 드론 레이싱 경기장은 기묘한 분위기를 한껏 살려 어지럽게 꾸며져 있었다. 하지만 대회 종목은 깔끔하게 레이싱, 한 가지였다.

  지한이는 대기실에 모인 참가 선수들을 둘러보았다. 예선 참가자는 36명, 그중 10위 안에 들어야 본선에 나갈 수 있었다. 백발마녀를 비롯한 외국인 선수들은 외모도 특이하게 꾸몄고 표정에서도 자신감이 넘쳤다. 천재네 아파트 단지에서 유명했던, 오토바이 타는 형 로니도 머리카락을 예전처럼 무지개 색깔로 염색하고 가죽점퍼를

 입은 채 당당하게 서 있었다. 지한이는 선수들만 보고 풀이 팍 죽었다. 하지만 경쟁률을 계산해 보고는 기를 좀 폈다.
 "예상보다 경쟁률은 낮네요."
 "다행이다. 지한이 너는 꼭 예선을 통과할 거야."
 마방진은 일단 지한이를 안심시켜 놓고 지한이가 예선을 통과할 확률을 따져 보았다. 확률은 모든 경우의 수에 대한 어떤 사건이 일어날 경우의 수의 비율이다. 마방진은 예선에 참가한 36명 중 본선에 나갈 수 있는 10명 안에 지한이가 들 확률을 열심히 계산했다.

$$\frac{\text{어떤 일이 일어날 경우의 수}}{\text{모든 경우의 수}} = \frac{10}{36} = \frac{5}{18}$$

이것을 백분율로 바꾸면, $\frac{5}{18} \times 100 = \frac{250}{9} = 27.7\cdots\cdots$ 27.7%! 안심하기는 이르지만 희망을 품기에 충분한 확률이었다.

예선에서 첫 번째로 나온 선수는 백발마녀였다. 백발마녀는 은색 고글을 쓰고, 은색 머리를 휘날리며 천천히 걸어 나와 출발선에 실버 드론을 올렸다. 주리는 백발마녀의 멋진 모습에 홀딱 반했다.

"와! 나도 은발로 염색할래. 머리도 길러야지. 진짜 마녀같이!"

　주리는 드론 레이싱을 구경하러 온 것이 아니라 유령을 찾으러 왔다는 사실도 잊은 채 넋을 잃고 백발마녀를 쳐다보았다.
　빠밤! 드디어 경기 시작을 알리는 음악이 울렸다. 백발마녀는 재빨리 드론을 출발시켰다. 백발마녀를 닮은 은빛 실버 드론은 위엄 있게 솟아올라 속도를 냈다.

 첫 번째 장애물을 무사히 피하고, 두 번째 장애물을 멋지게 넘은 실버 드론은 세 번째 장애물을 넘어가다 갑자기 땅에 뚝 떨어졌다. 백발마녀는 무척 당황했다. 조종 실수도 없었고 드론 정비도 철저하게 했다. 남은 것은 경기장 자체의 문제뿐! 하지만 백발마녀는 예선 탈락을 받아들이고 자리로 돌아왔다.

 "백발마녀 님 경기, 엄청 기대했는데 안타깝다."

 다음 차례는 로니였다. 로니는 무지갯빛 머리를 흔들며 자신만만하게 출발선으로 나가 드론을 띄웠다. 자신있게 날아오른 로니의 드론은 첫 번째 장애물을 피하기도 전에 뚝 떨어졌다.

 "으아아악! 어떻게 된 거야? 내 드론이 떨어질 리가 없어요. 이건 음모예요. 누가 내 드론 시스템을 해킹했어요. 아니면 전자파 총에 맞았는지도 몰라요. 한 번만, 한 번만 더 기회를 줘요. 네? 네?"

 로니는 고래고래 소리를 지르다 보안 요원들에게 끌려 나갔다. 지한이는 진지한 표정으로 그 모습을 지켜보았다. 뒤를 이은 선수들의 드론도 줄줄이 떨어졌다. 이상하지 않다고 말하는 것이 더 이상한 상황이었다. 주최 측에서도 뭔가 수상한 점을 느끼고 잠시 경기를 중단시켰다. 보안

 요원들이 누군가 방해 전파를 쏘아 조종기와 드론의 연결을 방해하고 있는지 점검하고, 주위를 직접 둘러보았다.
 "선수 여러분, 드론 레이싱 경기장에서 의심할 만한 문제는 발견하지 못했습니다. 예선 경기를 다시 시작하겠습니다."
 "뭔가 수상해요. 나오는 드론마다 추락하다니 이상하지 않아요?"
 지한이는 심각한 표정이었다. 하지만 마방진은 싱글벙글 웃으며 질겅질겅 씹고 있던 유령 껌을 뱉어 모자 꼭대기에 붙였다.
 "이 껌 맛은 정말 우웩이야. 이젠 안 씹어도 되니 잘됐어. 실력자 두 사람이 알아서 떨어졌잖아? 넌 충분히 예선을 통과할 거고 난 뭐…… 하하하, 하하하."
 마방진은 허풍쟁이 악당처럼 큰 소리로 웃었다. 비겁한 방법을 써서라도 경쟁자들을 물리치려고 유령 껌을 씹고 있었기 때문이다.
 "마방진 형, 경기장을 좀 살펴봐 줘요. 드론 잡는 유령이라도 있는 거 아니에요?"
 "아유, 괜찮다니까."
 마방진은 하는 수 없이 드론 레이싱 경기장을

살펴보았다. 경기장 아래에도, 장애물 옆에도 특별히 이상한 점은 없었다. 마방진은 더 높이 올라가 보았다. 솜사탕 같은 흰 구름이 동동 뜬 파란 하늘에 생뚱맞은 까만 비행체가 둥둥 떠 있었다.

"먹구름도 아니고 저게 뭐람?"

검은 비행 물체에 다가간 마방진은 깜짝 놀랐다. 어두운 기운이 느껴지는 비행 물체는 바로 드론 유령이었다. 마방진이 쫓아가자, 드론 유령은 빨간불을 깜빡이며 재빨리 달아났다. 마방진이 다시 서둘러 쫓아갔지만 드론 유령은 따라잡을 수 없었다. 결국 마방진은 드론 유령을 놓치고 말았다.

'내 유령 평생에 드론 유령은 처음이야. 그런데 에너지가 좋지 않아. 전자파 때문인가?'

마방진은 고개를 갸웃거리며 드론 레이싱 경기장으로 내려왔다. 그사이 지한이의 예선 경기가 끝났다. 현재까지는 지한이가 1등이었다. 강력한 우승 후보들을 포함하여 지금까지 경기한 드론 25대가 모두 추락했기 때문이었다.

"오! 축하해, 지한아. 역시 천재 지한이야!"

지한이는 발개진 얼굴로 고개를 저었다.

"뭘요! 내 실력으로 된 게 아니라 부끄러워요. 수상한 점은 발견했어요?"

"응. 어둠의 에너지를 내뿜는 검은 드론 유령을 봤어. 달아나 버렸지만."

"드론 유령요? 드론이 어떻게 유령이 돼요? 영혼이 있어야 유령이 되는데 드론은 영혼이 없잖아요."

"옛날에도 사람이 아주아주 아끼면서 사용한 물건은 유령이 되기도 했어. 드론 유령도 그런 것 같아. 문제는 드론 유령이 어둠의 에너지를 가졌다는 거지. 아주 강력한 에너지인데 나쁘게 쓰이면……."

"드론 유령이 검은 에너지로 드론을 떨어뜨린 거예요? 마방진 형에게 쫓기느라 내 드론에는 손을 못 댄 거고요?"

"흠, 합리적인 추론이구나!"

마방진은 진지하게 고개를 끄덕였다. 그사이, 다음 경기의 준비 신호가 울리고 이내 안내 방송이 나왔다.

"36번 안천재 선수의 경기를 시작합니다."

위노가 천재의 몸을 하고 출발선에 섰다. 빠밤! 출발 신호가 울리자 위노는 거대한 거인 드론을 자유자재로 움직였다. 참가자들과 구경 온 사람들, 수상한 유령을 찾으러 온 주리까지 모두 거인 드론에서 눈을 뗄 수가

없었다. 거인 드론은 웅웅웅 웅장한 소리를 내며 재빨리 장애물을 피해 날았다. 아주 빠르지는 않았지만 굉장히 멋있었다. 역시 위노의 실력은 나무랄 데가 없었다. 입을 떡 벌린 로니도 꼬맹이 천재의 솜씨에 감탄했다.

"대단하군! 드론은 크고 무겁지만 속도가 꽤 빠른데? 비행 솜씨도 정말 훌륭해. 프리스타일 레이싱에 나가면 예술 점수를 최고로 받을 것 같아. 흠, 안타깝지만 나보다 더 훌륭한 솜씨야."

모두가 거인 드론의 묘기에 빠져 있는 동안 마방진은 경기장 주변을 살폈다. 거인 드론은 마지막 장애물을 통과한 뒤 높이 솟구쳤다. 이제 7m 높이의 링을 통과하여 결승점을 지나가면 끝이었다. 바로 그 순간, 검은 드론 유령이 전속력으로 거인 드론에 부딪혔다. 거인 드론은 크게 휘청거리더니 바닥에 뚝 떨어져 굴렀다. 프로펠러도 깨져서 나뒹굴었다. 사람들은 깜짝 놀라 꽥꽥 비명을 질렀다. 위노는 재빨리 달려가 처참하게 떨어진 드론을 확인하고 하늘을 향해 손가락질하며 고래고래 소리를 질렀다.

"블랙, 네 짓이야? 왜 내 우승을 방해하는 거야? 당장 꺼져! 꺼져 버리라고!"

 드론 유령 블랙은
빨간불을 깜빡이며
하늘 높이 사라졌다.
마방진과 지한이는
휘둥그레진 눈으로 마주 보며
서로에게 물었다.
 "블랙? 그게 드론 유령의 이름이야?"
 "위노랑 아는 사이인가 봐. 자기가 이기려고
드론 유령에게 방해하게 한 거야?"
 지한이와 마방진은 동시에 어깨를 부르르 떨며
중얼거렸다.
 "나빴어."
 잠시 후, 예선 결과가 발표되었다.
 총 36명의 참가 선수 중 무사히 경기를 마친 선수는

8명, 그중 기본 커트라인인 30초 비행에 못 미친 선수가 3명이었다. 나머지는 드론이 추락해 모두 실격이었다.

선수명/결과	선수명/결과	선수명/결과	선수명/결과	선수명/결과	선수명/결과
백발마녀 실격	로니 박 실격	노구모 히데오 실격	알렉스 베이커 실격	RRO 실격	핫산 실격
오로라 실격	우택 실격	에이미 장 실격	밤비 박스터 실격	아톰 친구 실격	카스트 레이 실격
우노 실격	조아라 실격	패스패스 실격	예티 실격	신지 실격	우디스 실격
달로스 실격	매리 애니 실격	윈스턴 실격	포큐 파인 실격	에이스 실격	앨빈 실격
서하 실격	진지한 41초	요리쿠시 39.7초	클레오 20.5초	너스 팅글러 21.5초	라이트 브로 39.2초
시라니무스 실격	크리스티나 39.9초	터름 동동 28초	마날 39.9초	유키 실격	안천재 실격

"예선 통과 선수 명단을 발표합니다. 진지한, 요리쿠시, 라이트 브로, 크리스티나, 마날. 모두 5명입니다. 전광판에 예선 통과 선수의 기록을 그린 그래프를 띄우겠습니다."

"와! 지한이는 예선 통과네. 거기다 1등이야. 가장 좋은

기록을 냈다고! 살았다. 실력 있는 선수들은 다 탈락했으니 우승은 우리 거야. 천재야, 기다려라. 네 몸을 찾아 주마."

 마방진은 유령 꼬리를 팔랑거리며 기뻐했지만, 지한이는 찜찜한 기분을 지울 수 없었다.

 "경기는 정정당당해야 하는데 뭔가 꺼림칙하네요."

 "정정당당하지 않을 게 뭐야? 반칙도 안 했는데. 아, 다행이다. 진짜로 위노의 드론에 껌을 붙일 뻔했어."

 철이 없고 걱정도 없는 마방진은 드론 레이싱 경기장을 쌩쌩 날며 기뻐했다. 드론 유령 블랙이 그 모습을 몰래 지켜보고 있었다. 블랙은 도무지 꿍꿍이를 알 수 없는 기계 유령이었다.

유령 퇴치를 위한
안천재 굶기기 대작전

　주리는 세계에서 유명하다는 60명의 무당·주술사·유령 퇴치사·유령 학자에게 이메일을 보냈다. 무려 한국어·영어·스페인어·프랑스어·이탈리아어·중국어·베트남어·일본어·스와힐리어 등 9개 국어로 썼다. 물론 주리는 9개 국어에 능숙한 천재가 아니었다. 우리말을 외국어로 바꿔 주는 번역기 덕분이었다.
　주리가 보낸 메일의 90%는 휴지통에 들어갔지만 훌륭한 인품을 가진 10%의 유령 전문가들은 답장을 보내 줬다.
　"굶으라고? 곡기를 끊으라고? 아무것도 먹지 말라고? 단식을 하라고? 열흘 동안?"

한국어·영어·스와힐리어·스페인어 등 각기 다른 나라의 언어로 쓰인 6통의 메일 내용은 같았다. 영혼이 본래의 몸을 되찾으려면 그 몸이 곧 죽을 것 같다고 도둑 유령이 느낄 정도로 몸의 에너지를 없애야 한다는 것이다. 그들이 친절하게 추천해 준 방법은 열흘 동안 굶기였다!

"어휴, 떡볶이 귀신, 치킨 유령인 천재가 굶을 수 있을까? 열흘씩이나?"

저절로 한숨이 났지만 주리가 누구인가! 생각보다는 말, 말보다는 행동이 앞서고 힘이 넘치는 공포의 여왕 아닌가. 천재가 스스로 굶을 수 없다면 강제로 굶기면 된다는 결론을 내고 저금통을 탈탈 털어 밖으로 뛰어나갔다.

조금 뒤, 주리는 천재의 집 벨을 눌렀다. 위노는 주리를 보자마자 인상을 팍 찌푸렸지만 문을 열어 주기는 했다.

"천재야, 네가 제일 좋아하는 학교 앞 맵네 떡볶이야."

위노는 떡볶이를 보고 소스라쳤다. 끈적끈적한 붉은 피를

쏙 빼닮은 시뻘건 소스에, 희끄무레한 둥근 떡이 동동 떠 있는 떡볶이를 보자마자 위노는 비위가 팍 상했다.

"말도 안 돼. 내가 이걸 제일 좋아한다고?"

"그럼. 매콤, 달콤한 게 얼마나 맛있는데! 먹어 봐, 어서."

주리는 떡볶이를 포크로 찍어 천재의 코앞에 디밀었다. 위노는 당연히 떡볶이를 거부할 생각이었지만 매운 떡볶이 냄새가 코를 찌르자 천재의 몸이 자동으로 떡볶이를 퍼먹었다.

"으웩, 이건 뭐야? 이게 음식이야? 오! 노."

위노는 오만상을 찌푸리며 불평하면서도 입과 손을 멈출 수 없었다. 아귀아귀 떡볶이를 퍼먹던 위노가 문득 고개를 들고 물었다.

"너는 왜 안 먹어?"

"어? 그게, 친구가 먹는 것만 봐도 배가 부르네. 어서 먹어. 하하, 하하."

결국 위노는, 아니 천재의 몸은 맵네 떡볶이 2인분을 싹 먹어 치웠다. 위노는 괴로웠지만 천재의 몸은

 오랜만에 무척 행복했다. 그동안 땅콩버터·초콜릿·핫도그·감자튀김 따위만 먹는 바람에 속이 너무 느끼했다. 행복한 기분도 잠시, 그날 밤에 천재의 몸에서는 끔찍한 일이 일어났다. 열이 펄펄 끓고, 창자가 끊어질 듯 아프더니 분수처럼 토하고 설사를 했다. 결국 천재는 한밤중에 병원으로 실려 갔다. 의사 선생님은 천재를 진찰하고 검사한 끝에 말했다.
 "식중독입니다. 포도상 구균에 감염되었어요. 꽤 심하네요. 도대체 아이가 뭘 먹었죠?"
 그 순간, 위노는 자신을 이렇게 만든 범인이 누구인지 알아차렸다. 바로 주리였다. 주리가 사 온 맵네 떡볶이를 먹고 식중독에 걸린 게 틀림없었다.
 '으, 나주리. 가만두지 않겠어!'
 위노는 자신을 환자로 만든 범인이 주리라고 이르려 했지만 너무 힘이 없어서 입도 뻥긋할 수 없었다. 그렇게 누운 채로 손가락만 까딱거리다 그만 잠이 들었다. 천재 엄마는 의사 선생님을 붙잡고 물었다.
 "선생님, 우리 천재는 뭘 먹고 아파 본 적이 없어요. 상한 우유를 마시고도 끄떡없었다고요. 도대체 포도상 구균이 얼마나 고약한 놈이기에 우리 천재를 아프게 한 거죠?"

"포도상 구균은 30~37도 사이에서 활발하게 증식하는 나쁜 세균이에요. 우리 몸속에 들어오면 30분에 약 2배나 늘어납니다. 1시간이면 4배, 2시간이면 16배, 3시간이면 64배로 늘어나지요.

천재가 배가 아프기 시작한 지 약 4시간이 되었다고 했죠? 맨 처음 천재 배 속에 포도상 구균이 1마리 있었더라도 지금은 256마리로 늘어났겠죠."

시간	30분	60분 (1시간)	90분	120분 (2시간)	150분	180분 (3시간)	210분	240분 (4시간)	270분
늘어나는 세균 수	2배	4배	8배	16배	32배	64배	128배	256배	512배

"맨 처음에 세균이 1마리는 아니었겠죠? 10마리쯤은 있었겠죠? 그럼 지금 천재 배 속에는 못된 세균이 10×256=2560마리나? 오, 세상에!"

몸서리치는 천재 엄마에게 의사 선생님이 나직하게 말했다.

"처음에 10마리는 아니었을 거예요. 이 정도 상태라면 처음부터 세균이 10,000마리는 넘었을 겁니다."

"10000마리×256이면……."

천재 엄마는
상상만으로도
끔찍해서 기절할
지경이었다.

그날 밤, 마방진은 천재의 입원실에 찾아갔다. 마방진은 잠든 위노 몰래 천재를 불러냈다.
"천재야, 진짜 우리 천재, 사실은 가짜 천재 우리 안천재, 내 말 들리니?"
"마방진 형. 나 여기 있어. 이제 나, 어쩌지? 죽을 때까지 유령 위노 밑에 깔려 있어야 해?"
천재는 울먹였다. 마방진도 울고 싶었지만 애써 씩씩한 척했다.
"걱정하지 마, 천재야. 내가 누구냐? 유령 세계 최고의 명탐정 수학 유령 마방진 아니냐! 내가 지한이를 닦달해서라도 드론 연습을 시킬게. 반드시 우승시켜서 널 구할 테니까. 나만 믿어!"
"알았어, 형. 지한이만 믿을게. 그치만 위노는 만만치 않은 상대야. 나도 최선을 다해 위노를 밀어낼게."

　천재는 자신의 몸을 찾는 중요한 일을 다른 사람에게만 맡겨 둘 수 없었다. 비록 영혼이 도둑 유령 밑에 깔려 있을지라도 뭐든 하고 싶었다.

"천재야, 주리가 오늘 지한이를 찾아와 말했는데, 네가 살려면 굶어야 한대. 열흘을 굶으면 도둑 유령이 도망간대서 상한 떡볶이를 먹인 거라더라. 식중독에 걸리면 단식을 해야 하니까 굶기 쉽잖아. 천재야, 굶어야 해. 살기 위해 꼭 굶어. 알겠지?"

　천재는 한숨을 폭 쉬었다. 배고픔은 천재에게 최대의 적이었다. 하지만 지금은 비상사태! 몸을 찾기 위해서라면 열흘이 아니라 한 달이라도 굶어야 했다.

"좋아, 굶을게. 아무것도 안 먹어서 내 몸을 꼭 되찾고 말겠어."

"나도 최선을 다해 도울게. 파이팅!"

　천재와 마방진은 힘껏 외쳤다. 그 소리에 유령 위노가 눈을 번쩍

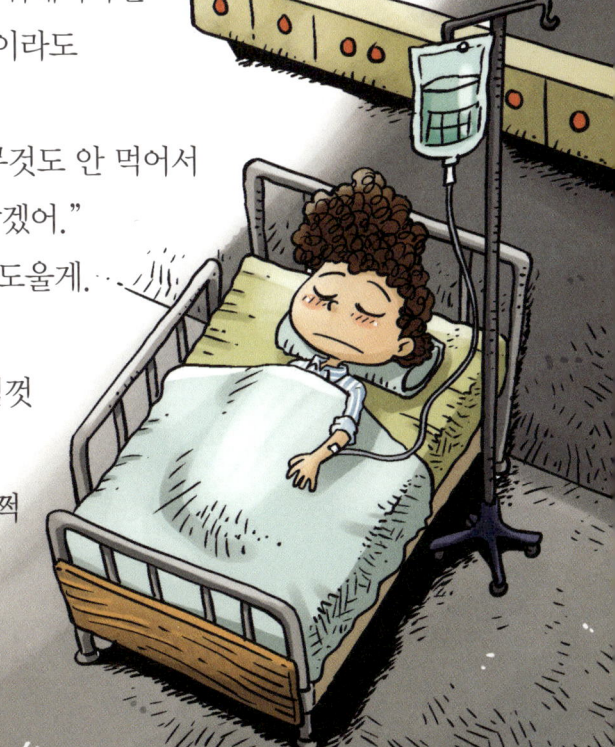

뜨고 말했다.
"무슨 꿍꿍이야, 이 뚱땡이 유령아."
"쳇! 꿍꿍이 같은 거 없거든. 지한이가 정정당당하게 이겨서 널 쫓아낼 거야."
"말도 안 되는 소리! 내가 드론 레이싱 대회에서 우승해 영원히 이 몸에서 살 거라고! 답답하면 천재 영혼한테 나가라고 하든지."
위노는 뻔뻔하기 짝이 없었다. 마방진은 위노의 코라도 확 물어뜯고 싶었지만 천재를 생각해서 꾹 참았다.
"천재야. 안 먹고 건강해라!"
마방진은 콧물이 나도록 콧방귀를 뀌고 날아가 버렸다.
그 뒤로 천재의 몸은 먹지 않기 위해 최선을 다했다. 옆 침대에서 달콤한 냄새가 나면 헛구역질을 했고 식사 시간에 다른 환자들이 밥을 먹고 있으면 뽕뽕 방귀를 뀌었다. 그렇게 며칠을 쫄쫄 굶자 천재의 배 속은 아주 편안해지고 말았다. 식중독이 완벽하게 나아 버린 것이다! 천재는 병원에서 지내며 더 굶고 싶었지만 억지로 퇴원당했다. 위노는 건강해진 천재의 팔다리를 힘차게 휘두르며 집으로 뛰어갔다.
'그래! 집에서도 굶을 수 있어. 5일만, 딱 5일만 더 굶어서

내 몸을 되찾을 테야.'

 천재의 영혼은 굳게 다짐했지만 자꾸 불안한 예감이 들었다.

 불길하게도 그 예감은 딱 들어맞았다. 천재가 집에 도착하자, 떡볶이 다음으로 좋아하는 닭죽·치킨까스·치킨 탕수육·닭볶음탕·후라이드 반 양념 반인 치킨이 차려져 있었다. 위노는 놀라서 똥그래진 눈으로 풍성한 식탁을 쳐다보았다.

 "무슨 음식을 이렇게 많이……."

 위노는 아직도 입맛이 없었지만 천재의 몸은 달랐다.

저절로 군침이 흐르고 배 속에서 꼬르륵꼬르륵 야단이 났다. 결국 천재는 닭죽을 시작으로 치킨까스와 치킨탕수육, 닭볶음탕 그리고 후라이드와 양념치킨까지 모조리 먹고 말았다.

'어헝, 어떡해. 이젠 도둑 유령을 쫓아낼 수 없어. 그런데 이 닭죽은 왜 이렇게 맛있냐! 한 냄비를 줘도 다 먹을 것 같아.'

천재는 아귀처럼 먹어 치우고 꺼억 트림을 했다. 시원한 트림은 천재의 처절한 패배를 알리는 신호탄 같았다.

드론은 어떻게 백악관에 침입했을까?

2015년, 세계에서 경비가 가장 철저한 백악관(미국 대통령이 일하는 곳)에 미확인 비행 물체가 침입했다.
백악관을 발칵 뒤집은 이 비행 물체는 적들이 보낸 정찰기도, 외계인이 탄 UFO도 아니었다. 약 60cm 크기의 평범한 드론이었다.
수많은 경호실 요원과 방공 레이더망이 철저하게 지키는 백악관에 이 드론은 어떻게 침입했을까?
드론이 너무 작고 낮게 날아서 방공 관제 레이더(비행 물체 공격에 대비해 방어하기 위해 설치한 레이더)망에 잡히지 않는 바람에 백악관 마당으로 날아갈 수 있었던 것이다.
6시간 뒤, 드론을 날린 남자가 자수했다. 그렇게 어이없이 벌어진 이 사건은 '천하의 백악관도 드론의 침입에서 안전하지 않다.'라는 염려를 낳았다.

경쟁자 백발마녀, 드론 비행을 전수하다!

지한이는 원래 아침에 일어나자마자 안경부터 썼다. 하지만 수학 탐정 유령을 만난 뒤부터는 안경을 쓰지 않고 잘 안 보이는 채로 등교 준비를 하였다. 안경만 쓰면 유령들이 달라붙어 온갖 부탁을 했기 때문이었다. 유령 안경을 쓴 첫날, 짝사랑하다 죽은 유령의 부탁을 들어준 게 문제였다.

"좋아하던 여자 친구에게 고백하러 가다 교통사고가 나서 그만 유령이 됐지 뭐냐! 내 대신 그 인형을 꼭 전해 줘. 지하철 보관함에 넣어 뒀어. 응?"

딱한 사정의 그 유령이 하도 조르자 인형을 대신 전해 준

다음부터 유령들은 지한이를 계속 찾아왔다.
"네가 유령 소원을 들어주는 천재라며?
나 대신 친구에게 미안하다고 말 좀 해 줘.
사과를 안 하면 유령 세계에 갈 수 없대."
"내 소원도 들어주라. 내 돈을 좀 받아
줘. 그 돈 받기 전까지는 절대 못 올라가.

내가 어떻게 번 돈인데!"

 "내 목걸이 좀 찾아 줘. 죽기 전에 분명히 어디 뒀는데 둔 곳을 모르겠네. 우리 애들이 사 준 거라 목에 걸고 가고 싶어."

 지한이는 가능하면 유령들의 소원을 들어주고 싶었다. 하지만 사과를 부탁한 유령은 히말라야 산중에 사는 친구에게 옛날 일을 사과해 달라고 했고, 돈을 받아 달라는 유령은 원양어선을 타는 친구에게 찾아가라고 했다. 목걸이를 찾아 달라는 유령은 목걸이가 아이슬란드의 화산 근처에 떨어져 있다고 했다.

"유령도 못 하는 일을 힘없는 순수 초딩이 어떻게 해요?"

결국 지한이는 예전에 천재가 유령들에게 했던 말을 외칠 수밖에 없었다. 지한이에게 찾아오는 유령들 때문에 애꿎은 피해를 보는 건 마방진이었다. 오늘도 엉엉 울면서 나타났지만 유령 안경을 벗은 지한이가 자신을 알아보지 못했던 것이다.

"지한아, 안경 좀 써. 나를 좀 봐. 엉엉. 이 일을 어쩌냐!"

마방진은 눈물을 폭포처럼 쏟으며 하소연했지만 지한이는 한참 뒤에야 안경을 썼다.

"형, 무슨 일이에요?"

"지한아, 천재가 꼬꼬닭에 굴복해 마구 먹어 치우는 바람에 위노를 못 쫓아냈어. 게다가 위노랑 백발마녀가 패자 부활전에서 부활해 본선에 진출해 버렸다고! 엉엉엉, 천재는 이제 끝장이야. 몸은 위노에게 뺏기고 영혼은 납작이가 되고 말 거야."

마방진은 유령 꼬리를 동동거리며 안타까워했지만, 지한이는 침착했다. 지한이는 이미 벌어진 일을 후회하기보다 대책을 마련하는 성격이었다.

"안타깝지만 어쩔 수 없죠. 열흘을 굶기는 너무 어려운 일이었어요. 저라도 실패했을걸요? 그리고 패자 부활전은

 이미 알고 있었어요. 예선을 통과한 선수들한테 패자 부활전에 동의하느냐고 물었거든요. 물론 동의한다고 했죠. 게임은 정정당당해야 하니까요. 그 예선, 뭔가 비정상적이었어요. 본선까지는 아직 일주일이 남았으니 더 열심히 연습할게요. 드론도 몸체가 500mm인 초대형으로 바꿨어요. 내 친구는 내가 지킬 테니 너무 걱정 말아요."
 마방진은 조금 안심이 되었다. 여전히 마음 한구석에서는 '위노의 드론에는 응가를 하고, 백발마녀의 드론에는 껌을 붙일까?'라는 비열한 생각이 스멀스멀 들었지만 말이다!
 그날 오후, 지한이는 귀신산에 드론 레이싱을 연습하러 갔다. 넓고 깔끔한 드론 레이싱 경기장 쪽이 아니라 산길을 돌아 건너편에 있는 '물귀신 늪'으로 갔다. 물귀신 늪은 몇 년 전까지만 해도 냄새나는 수생 생물들이 우글우글하고 축축 늘어진 물풀들과 떨기나무들만 무성한 곳이었다. 지금은 늪을 메워 공터가 된 물귀신 늪은 큰키나무들을 빙 둘러 심어 온종일 음침한 그늘이 으스스한 숲으로 변했다. 멀쩡한 대낮에도 독수리만 한 까마귀들이 까옥까옥 울고 살쾡이 뺨치는 도둑고양이들이 캬웅캬웅 울부짖었다.
 "아웅, 귀신 나올 것 같아. 이런 데서 무슨 드론 레이싱 연습이야?"

 마방진의 말이 끝나기도 전에 귀신산에서 한을 품고 죽은 까마귀 유령·너구리 유령·들쥐 유령·여우 유령이 나타나 울부짖었다. 마방진은 어깨를 부르르 떨며 동물 유령들을 훠이훠이 쫓았다.
 "호랑이 유령은 안 나오니 다행이죠."
 지한이는 천연덕스럽게 농담을 하며 공터가 된 물귀신 늪으로 들어갔다. 지한이가 물귀신 늪을 연습장으로 삼은 이유는 따로 있었다.
 "미스터리 드론 레이싱이라면 뭔가 특별하지 않을까요? 예선처럼 단순한 레이싱으로만 승부를 내진 않을 거예요. 그러니까 이런 데서 연습해야 해요. 예상치 못한 장애물이 많은 곳, 길을 찾기 힘든 곳, 무서운 곳, 미스터리한 냄새가 팍팍 풍기는 곳……."
 지한이는 거인 드론을 조심스럽게 띄웠다. 새 드론은 전에 쓰던 350급 드론보다 몸집이 약 1.5배 커서 그런지 조종도 더 어려웠다. 하지만 지한이의 실력도 많이 늘어서 드론이 나뭇가지 사이를 슬슬 날아다닐 정도는 되었다.
 "와! 실력이 엄청 늘었네. 좀 더 쌩쌩, 윙윙, 쉭쉭 날면 우승할 것 같아."
 마방진의 응원에 힘을 얻은 지한이는 드론을 지상 20m

정도로 높이 띄웠다. 드론의 카메라를 통해 물귀신 늪이 한눈에 내려다보였다. 나무에 앉아 못마땅한 눈으로 노려보는 까마귀와 놀라서 나무 구멍으로 숨는 다람쥐, 나무 꼭대기에서 야옹야옹 우는 아기 고양이까지 또렷하게 보였다.

"어? 왜 나무 꼭대기에 아기 고양이가 있죠? 유령인가?"

마방진이 재빨리 올라가 보니 진짜 아기 고양이가 있었다. 아기 고양이는 겁에 질려서 못 내려가는 것 같았다.

"아이고, 이를 어쩌냐! 배고픈 솔개라도 나타나면 한입에 꿀꺽인데."

 마방진이 걱정하는 사이, 지한이는 드론을 바닥에 착륙시켰다.
 "내 드론을 구급차 드론으로 개조할게요. 드론에 이 보조 가방을 달기만 하면 돼요. 아기 고양이의 몸무게는 기껏해야 2kg 정도 될 테니까 태울 수 있을 거예요."
 "고양이를 어떻게 태우려고? '야옹아, 타!' 이러면 가방에 쏙 들어갈 것 같아?"
 마방진은 고개를 절레절레 흔들었다. 나무 꼭대기에서 울고 있는 아기 고양이는 불쌍했지만 어린이와 유령이 구해 주기는 쉽지 않았다.
 "수학 탐정 유령 마방진은 할 수 있잖아요. 유령도 사람이나 동물에게 힘을 쓸 수 있다면서요. 형이 아기 고양이를 가방에 넣어 줘요."

"안 돼. 그건 위급한 비상 상황에서나 쓸 수 있어. 얼마나 에너지가 많이 든다고!"

마방진은 손사래를 쳤다. 고양이를 구하다 유령 에너지가 떨어지면 음침한 숲에서 정신을 잃고 쓰러질 것이다. 그럼 귀신산의 무서운 유령들이 나타나, 으흐흐흐……. 생각만 해도 소름 끼쳤다.

"부탁해요, 형. 고양이가 불쌍하잖아요."

지한이는 원래 약한 동물을 돕는 일엔 물불을 가리지 않았다. 마방진이 끝내 거절하면 직접 나무에 올라갈지도 모른다. 그러다 떨어져서 지한이가 다치기라도 한다면 천재를 구할 수 없다. 마방진에겐 선택의 여지가 없었다.

"어휴, 인간성이 너무 좋은 애랑 친해도 힘들어. 알았어, 해 볼게."

"고마워요, 형."

지한이는 급히 개조한 구급차 드론을 아기 고양이 옆으로 조심스레 날렸다. 낯선 비행 물체에 겁을 먹은 고양이는 잔뜩 몸을 옴츠리고 야옹야옹 울었다.

"지금이에요!"

지한이의 신호가 떨어지자마자 마방진은 온몸의 유령 에너지를 모아 아기 고양이를 단숨에 안고 드론에 매단

 가방 안으로 쏙 들어갔다. 놀란 아기 고양이가 앞발을
마구 휘젓는 바람에 유령 에너지를 너무 많이 쓴 마방진은
바람 빠진 풍선처럼 푸르르 가방 안에 쓰러졌다. 지한이는
구급차 드론을 사뿐히 착륙시켰다.
 "야옹아, 마방진 형, 괜찮아요? 정신 차려 봐요, 네?"
 지한이는 한 손으로 고양이를 안고 다른 한 손으로
마방진을 흔들었다. 마방진은 슬며시 눈을 떴다가 도로
감았다. 눈을 뜨고 있을 힘도 남아 있지 않았다.
 지한이는 덜컥 겁이 났다. 그때 웬 차가운 손길이
지한이의 어깨를 다정하게 두드렸다. 소스라치게 놀라

돌아보니 백발마녀가 검은 원피스를 입고 긴 은발을 휘날리며 서 있었다.
"너가 지한이지? 이 착한 유령은 수학 탐정 마방진 씨로구나. 소문은 벌써 들었지. 인간 친구를 구하러 내려왔다지? 잠깐 정신을 잃었지만 괜찮을 거란다. 좀 쉬면 회복할 거야. 워낙 건강한 유령이니까. 애는 내 고양이 캐시라고 해. 우리 캐시를

구해 줘서 고맙구나. 나를 따라서 연습하러 여기에 몇 번 왔었는데 문이 열린 틈에 캐시가 집을 나가 여기까지 왔지 뭐냐."

백발마녀는 지한이의 품에 안긴 고양이를 쓰다듬었다. 드론 레이싱 경기장에서는 위풍당당한 장군 같았는데 가까이서 보니 상냥한 이웃 할머니 같았다.

"지한아, 캐시가 널 좋아하는 것 같다. 괜찮으면 네가 좀 맡아 주겠니?"

"백발마녀 님 고양이라면서요?"

"우리나라에 데려가기가 좀 힘들어서……."

백발마녀의 회색 눈동자가 흔들렸다. 지한이는 고개를 끄덕였다. 동물을 데리고 출국하려면 서류도 많이 필요하고 시간도 많이 걸린다고 했다. 지한이는 아기 고양이의 부드러운 몸을 꼭 껴안았다.

"안 그래도 고양이를 키우고 싶었어요."

"고맙다. 착한 아이에겐 상을 줘야지. 드론 레이싱을 좀 가르쳐 줄게. 어서 네 드론을 띄워 봐라. 시간이 별로 없어. 곧 해가 질 테니……."

백발마녀의 말이 끝나기가 무섭게 실버 드론이 하늘 높이 떠올랐다. 지한이는 흠칫 놀라 실버 드론을 쳐다보았다.

'백발마녀 님은 빈손이었는데 드론이 어떻게 혼자 날아왔지? 따라다니는 기능을 이용했나?'

지한이는 드론을 띄우며 잠깐 딴생각을 했다. 그 순간, 드론이 금세 균형을 잃고 흔들렸다.

"지한아, 드론 조종 중에는 잠시도 딴생각을 하면 안 돼. 최고의 기술은 집중이야."

지한이는 백발마녀의 말대로 온 정신을 집중하여 드론을 날렸다. 처음에는 무성한 나무 사이를 피하다 아찔하게 부딪힐 뻔했지만 연습을 할수록 점점 나아졌다.

"좋았어. 다음은 길 찾기다."

백발마녀의 실버 드론은 귀신산 꼭대기로 올라갔다. 지한이도 드론의 고도를 올려 실버 드론을 쫓아갔다. 밑으로 미로처럼 복잡한 길이 펼쳐졌다.

"모든 길을 단 한 번씩만 지나서 출발지로 돌아오는 거야. 그럼 어디에서 출발해야 하지?"

"어디에서 출발해도 처음 출발한 곳으로 올 수 있어요."

지한이는 드론을 천천히 띄워 모든 길을 한 번씩 지나 출발한 곳으로 돌아오게 했다.

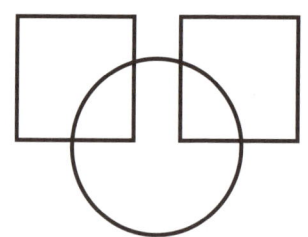

어떤 점에서 출발하든 처음 출발지로 올 수 있다!

백발마녀는 빙그레 웃으며 실버 드론을 더 멀리 띄웠다.

"이 길도 가능하니? 모든 길을 한 번씩만 지나갈 수 있을까?"

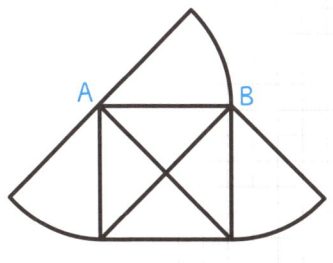

이번에는 시간이 조금 더 걸렸지만 지한이는 역시 길을 찾아냈다.

"A 지점이나 B 지점에서 출발하면 모든 길을 한 번씩만 돌 수 있어요. 하지만 출발한 곳으로 돌아올 수는 없죠. A에서 시작하면 B에서, B에서 시작하면 A에서 끝나요."

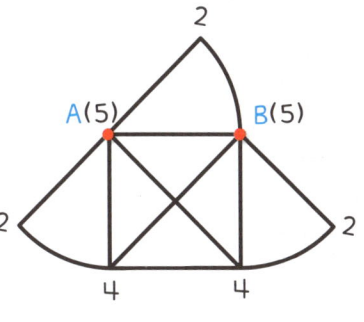

"역시 천재답구나. 훌륭해."

지한이는 겸손하게 고개를 저었다.

"칭찬 감사해요. 하지만 이건 천재랑은 상관없어요. 이 미로는 꼭짓점과 변으로 이루어진 일종의 그래프(점과 점을 끝점으로 하는 몇 개의 변으로 이루어진 도형)로 바꿀 수 있어요. 홀수 교차점(마주치는 길의 개수가 홀수인 교차 지점)이 1개도 없으면 어떤 꼭짓점에서 시작해도 모든 길을 1번씩 돌아 출발한 곳으로 나와요. 홀수 교차점이 2개일 때 홀수

교차점에서 시작해 다른 홀수 교차점으로 끝나죠."
 "이론은 완벽해. 이제 비행 연습만 좀 더 하면 되겠다."
 지한이는 백발마녀가 가르쳐 주는 대로 빠른 속도로, 우아하게 드론을 날렸다. 예상보다 훨씬 빨리 실력이 늘었다.
 "정말 감사해요, 백발마녀 님. 경쟁자를 이렇게 가르쳐 주셔도 돼요?"
 백발마녀가 생긋 웃었다.
 "난 네 경쟁자가 아니란다."
 "감히 사부님과 겨루려고 했네요. 죄송해요."
 "천만에. 청출어람이란 너를 두고 하는 말이구나. 정말 잘했어."
 백발마녀는 지한이의 어깨를 다시 한번 톡톡 두드렸다. 지한이는 자기도 모르게 어깨를 부르르 떨었다. 그때 정신을 차린 마방진이 지한이를 불렀다.
 "지, 지한아. 나 좀 봐 줘. 나 괜찮아? 어디 찌그러진 데는 없어?"
 "형은 괜찮아요. 여전히 멋진 유령 몸매를 유지하고 있으니 걱정 말아요. 전 백발마녀 님께 한 수 배우는 중이었어요. 그렇죠, 백발마녀 님?"

　백발마녀는 이미 사라지고 없었다. 지한이는 백발마녀에게 배운 대로 드론 비행을 해 보였다. 그러자 마방진은 입을 떡 벌렸다.

　"와! 단 한 번의 수업으로 실력이 이렇게 는 거야? 역시 백발마녀는 실력자인가 보다."

　"그런가 봐요. 오늘은 이만 돌아가요."

　드론을 등에 멘 지한이는 아기 고양이 캐시를 소중히 안고 집으로 돌아왔다.

　그날 밤, 뉴스를 보던 지한이는 깜짝 놀랐다. 어젯밤 백발마녀가 심장 마비로 죽었다는 것이다. 그렇다면 오늘 만난 백발마녀는 유령이었을까? 지한이는 덜컥 겁이 났다. 이제는 사람과 유령도 구별하지 못할 만큼 유령 세계에 가까이 가 버린 건가!

10

미스터리 입체 미로를 탈출하라!

 국제 미스터리 드론 레이싱 대회 본선 날이 되었다. 주리는 아침 일찍 천재의 집으로 달려갔다. 유령이 천재의 몸을 떠났는지 확인해야 했다.
 '몇 번을 전화하고 찾아갔는데 만나 주지 않는 걸 보면…….'
 주리는 불안한 예감 때문에 벨도 누르지 못하고 천재의 집 앞을 서성였다. 별안간 천재의 성난 목소리가 현관문 밖까지 쩌렁쩌렁 울렸다.
 "으악! 흰둥이 너! 여기다 똥을 싸면 어떡해? 개똥을 밟으면 경기 망치는 거 몰라? 오늘 지면 가만 안 둘 거야.

진짜 내쫓을 테니까!"
 문이 벌컥 열리며 천재가 뛰쳐나왔다. 주리는 일부러 발랄하게 손을 흔들었다.
 "천재야, 안녕! 드론 레이싱 대회에 가는 길이지? 같이 가자. 난 취재하러 가."
 위노는 떨떠름한 표정을 지었다. 아침부터 흰둥이 똥을 밟아서 불안한데 주리까지 나타나다니! 유령 위노는 정체를 들킬까 봐 공포의 여왕과 가까이 지내고 싶지 않았다.
 하지만 주리는 자꾸 천재에게 접근했다.

"천재야, 흰둥이가 아직도 너 싫어하니?"

위노는 대답하지 않았다. 주리가 또 물었다.

"천재야. 너, 개똥 밟으면 재수 없는 징크스 있어? 언제부터? 혹시 은행 열매를 밟아도 그래? 둘 다 똥 냄새 나잖아."

위노는 대답하지 않겠다는 뜻으로 고개를 돌리며 휘파람을 불었다.

'저 소름 끼치는 휘파람 소리! 천재 속에 아직도 유령이 있나 봐.'

주리는 몸을 부르르 떨면서도 천재를 쫓아갔다.

미스터리 드론 레이싱 경기장에 도착한 사람들은 깜짝 놀랐다. 경기장 한복판에 꼭대기가 뾰족한 팔면체의 거대한 건물이 우뚝 서 있었다. 창문 하나 없이 꽉 막힌 검은

건물은 시커먼 정체를 숨긴 채 어두운 기운을 팍팍 풍기고 있었다.

"곧 국제 미스터리 드론 레이싱 대회가 시작됩니다. 선수들은 대기실에서 준비해 주십시오. 관중들은 모두 관중석에서 모니터로 지켜봐 주십시오."

곧이어 경기 안내 방송이 나왔다.

"경기 방식을 알립니다. 오늘 경기는 미스터리 입체 미로 탈출입니다. 정팔면체 미로의 한 꼭짓점에 들어가 나머지 꼭짓점에 있는 유령 그림을 딱 한 번씩 보고 사진을 찍은 뒤 가장 빠른 속도로 입체 미스터리 미로를 통과해야 합니다. 한 번 본 유령 그림을 다시 보면 점수가 1점씩 깎입니다."

선수들이 술렁거렸다. 미스터리 입체 미로가 어떻게 생겼는지, 유령 사진 촬영 미션은 얼마나 어려운지에 대한 정보가 하나도 없기 때문이었다.

첫 번째 선수는 로니였다. 패자 부활전으로 본선에 진출한 로니는 전의를 불태웠다.

"미로 비행은 처음이지만 파이팅! 나는 잘할 수 있다."

로니는 힘차게 외치며 드론을 출발시켰다. 로니의 경기 장면을 다른 선수들은 볼 수 없었다. 공정한 승부를 위해 드론 영상은 심사 위원들과 관중들에게만 공개되었다.

"와아!"

"아이고!"

관중석에서 오가는 탄성과 탄식을 들으며 마방진은 꼬리를 동동 굴렀다.

"몰래 가서 훔쳐볼까? 궁금해 죽겠네."

드디어 로니의 경기 결과가 전광판에 떴다.

'로니, 3분 21초. 마이너스 3점.'

로니는 아쉬운 듯 하늘에 주먹질을 했다. 다음 선수들도 기록은 나쁘지 않았지만 줄줄이 마이너스 점수를 받았다. 미로의 각 꼭짓점에 있는 유령 그림을 한 번만 만나야 하는데 길을 찾지 못해 여러 번 만나는 게 문제였다.

드디어 지한이의 차례가 되었다.

"지한아, 넌 우승할 거야. 할 수 있어."

마방진은 온 힘을 다해 응원했다. 지한이는 결연한 표정으로 고글을 쓰고 조종기를 들었다. 드디어 지한이의 드론이 출발하자, 마방진도 얼른 쫓아갔다.

"정팔면체 입체 미로? 좋았어. 정다면체를 위에서 눌러 납작하게 만들면 꼭짓점과 변으로 이루어진 그래프가 돼. 그럼 모든 꼭짓점을 한 번씩만 지나 출발점으로 돌아오는 길을 찾을 수 있어."

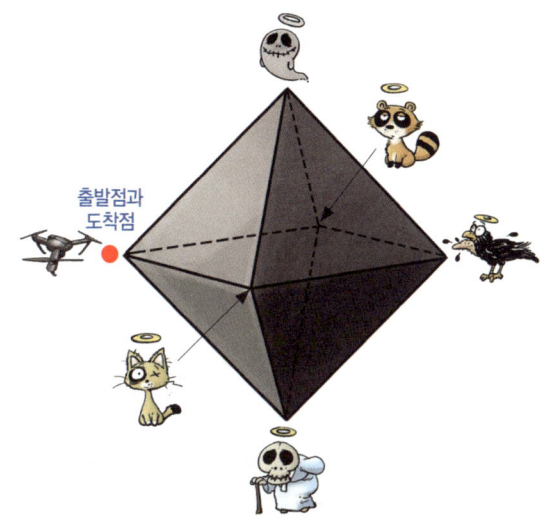

출발점과 도착점

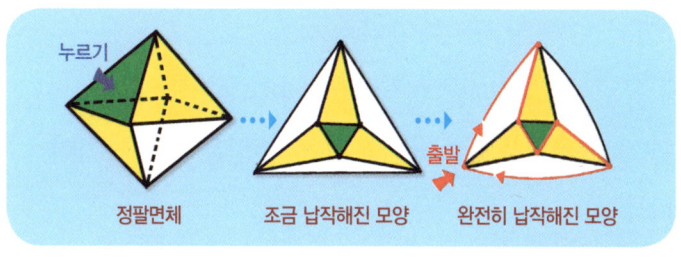

누르기 · 정팔면체 · 조금 납작해진 모양 · 출발 · 완전히 납작해진 모양

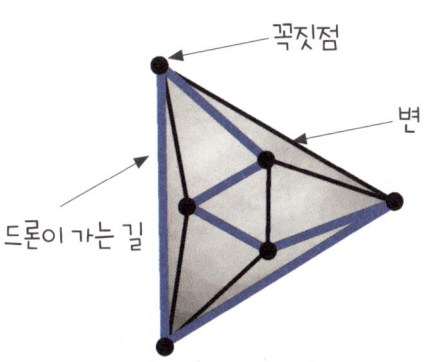

꼭짓점 · 변 · 드론이 가는 길

지한이는 머릿속으로 길을 찾은 뒤 드론을 출발시켰다. 드론은 매끄럽게 날았다.

"여기 있다, 유령 그림!"

지한이는 첫 번째 유령 그림을 찍었다. 그런데 그림

속 유령이 꼬리를 살랑살랑 흔드는 게 아닌가! 유령 그림에 진짜 유령이 딱 붙어서 장난을 치고 있었다. 지한이는 깜짝 놀랐지만 얼른 정신을 차리고 드론을 움직였다.

"안녕! 전 다른 유령을 찾으러 갈게요."

지한이는 유령 그림들을 만나 차근차근 사진을 찍었다. 2분 30초 후 지한이의 드론은 마지막 유령 그림의 사진을 찍었다. 그때까지의 비행 기록은 2분 37초, 마이너스 점수도 없었다. 아직 경기를 치르지 않은 위노를 빼면 지금까지 1위였다. 바로 그때 검은 그림자가 튀어나와 지한이의 드론을 가로막았다.

"왜 유령이 또 있지? 정팔면체 입체 미로는 꼭짓점이 6개야. 그중 하나가 출발점이니까 유령은 다섯이어야 한다고!"

"네 계산이 맞아. 저건 드론 유령 블랙이야. 너를 방해하러 왔나 봐."

마방진의 말에 지한이는 드론의 고도를 낮췄다. 블랙의 밑으로 빠져나가려는 것이다. 그런데

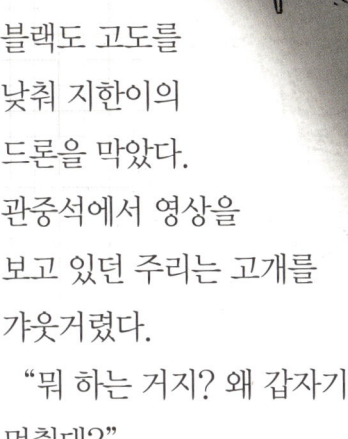

블랙도 고도를 낮춰 지한이의 드론을 막았다. 관중석에서 영상을 보고 있던 주리는 고개를 갸웃거렸다.

"뭐 하는 거지? 왜 갑자기 멈췄대?"

관중들과 심사 위원들은 유령을 보지 못하기 때문에 지한이의 드론이 유령을 만나 고군분투하는 줄은 꿈에도 몰랐다.

"지한아, 위노가 블랙을 보내 너를 방해하나 봐! 비겁한 녀석. 어쨌든 블랙은 내가 맡는다. 넌 미로를 빠져나가!"

"형이 도와주면 반칙이잖아."

"아니야. 블랙이 나타나지 않았다면 너는 벌써 미로를 빠져나갔을 테니까."

지한이는 잠시 망설이다 마방진의 말에 따랐다. 위잉, 지한이는 드론의 고도를 높였다. 블랙도 따라 올라왔다. 마방진은 재빨리 밑으로 날아가 씹고 있던 유령 껌을 블랙의 카메라에 붙였다. 블랙이 휘청거렸다.

"지금이야!"

지한이의 드론은 재빨리 블랙을 넘어 미로를 빠져나갔다. 전광판에 지한이의 기록이 올라왔다.

'진지한, 2분 44초. 감점 없음.'

다음 차례는 위노였다. 마방진은 출발선에서 마음을 가다듬고 있는 위노에게 날아가 마구 쏘아붙였다.

"위노. 이 나쁜 도둑 유령아. 네가 시키면 드론 유령을 입체 미로에 보냈지?"

"무슨 소리야? 드론 유령이 뭐……. 앗! 블랙이 경기장 안에 있었어? 난 몰랐어."

위노는 펄쩍 뛰었다. 마방진은 더 펄펄 뛰었다.

"뻔뻔스럽게 발뺌을 해? 하마터면 지한이의 드론이 추락할 뻔했어. 드론 영재라고 뻐길 때는 언제고. 비겁하다, 비겁해!"

"비겁하다고? 천재의 몸을 뺏은 거랑 천재 부모님을 속인 건 비겁했어. 미안하게 생각한다고. 하지만 드론 앞에서 나는 언제나 정정당당해. 부끄러운 짓은 하지 않아!"

위노는 끝까지 잘못을 인정하지 않았다. 마방진은 몸이 부들부들 떨렸다.

'눈에는 눈, 이에는 이야. 나도 뻔뻔하고 비겁하게 상대해 주겠어. 블랙이 지한이를 방해한 만큼 나도 위노를 방해할 거야.'

곧바로 위노의 차례가 되었다. 고글을 쓴 위노는 조종기를 들고 뻔뻔스럽게 걸어 나갔다. 드론을 출발시키기 전에 위노는 마방진을 힐끗 쳐다보았다. 화가 나서 시뻘게진 마방진은 위노 쪽을 향해 마구 주먹을 휘둘렀다. 위노의 가슴이 두근두근 세차게 뛰었다.

"우승은 내 거야, 아무도 방해하지 마. 유령 따위 다 꺼져

버려! 마방진이고 블랙이고 다 사라지라고. 사람 일에 상관하지 마!"

위노는 경기장이 쩌렁쩌렁 울리게 외쳤다. 구경하던 사람들은 어리둥절했지만 대부분 놀라거나 무서워하지는 않았다. 위노의 유창한 영어를 제대로 알아듣지 못한 탓에 파이팅을 외치는 소리쯤으로 들었다. 하지만 간신히 카메라에 붙은 껌을 떼어 낸 블랙은 '꺼져 버려!'라는 말을 듣고 몸체를 부르르 떨었다.

착한 드론 VS 나쁜 드론

2015년, 부산에 난 산불의 위치를 가장 먼저 알려 준 것은 바로 드론이었다. 네팔에서 지진으로 무너진 집과 도로에 갇힌 사람들을 찾아내고 마다가스카르의 구석진 산골에 약을 전달해 준 것도 드론이었다. 이처럼 드론은 구호 물품을 전달하거나, 범인을 잡고 물에 빠진 사람들에게 구명조끼를 던져 주는 등 좋은 일을 많이 하고 있다. 하지만 세상에는 착한 드론만 있지 않다. 카메라로 다른 사람을 몰래 촬영하거나 마약 같은 불법적인 물건을 배달하고 폭탄을 싣고 가 사람들에게 테러하는 나쁜 드론도 있다. 정말 이것들은 나쁜 드론일까? 드론은 사람이 조종하는 대로 움직일 뿐이다. 조종하는 사람에 따라 인류에게 도움이 되기도 하고, 인류를 위협하는 끔찍한 재앙이 되기도 하는 것이다.

유령 위노의
아찔한 선택

위노의 거인 드론은 위풍당당하게 검은 입체 미로 안으로 날아갔다. 고글에 뜬 입체 미로를 보며 위노가 중얼거렸다.
"먼저 길을 찾아야겠군. 일단 위로 올라가 보고……."
위노는 맨 처음 나타난 유령을 찍고 아래쪽으로 내려갔다. 그런데 갑자기 조종기와 드론의 연결이 끊어졌다. 위노는 깜짝 놀라 조종기를 흔들었다. 고글 영상도 먹통이 되었다.
"무슨 일이지?"
위노는 고글을 벗어 던지고 컴퓨터의 화면을 보았다. 입체 미로 속 드론이 보여야 할 컴퓨터 영상도 먹통이었다.

관중과 심사 위원이 보는 모니터도 꺼진 것처럼 까매졌다. 미로 곳곳에 설치된 CCTV 화면도 모두 꺼졌다. 위노의 드론이 미로 속에서 어떻게 되었는지 보여 줄 화면이 하나도 없었다. 놀란 관중들이 웅성거렸다.

경기 보안 요원들이 놀라서 뛰쳐나왔다.

"안천재 선수, 어떻게 된 일입니까?"

"그걸 왜 나한테 물어요? 어떻게 된 일이죠?"

불길한 예감이 위노의 온몸을 감쌌다. 위노는 지한이를 가리키며 외쳤다.

"내 드론 시스템이 해킹당한 거 아니에요? 저 녀석이 해킹한 거죠? 진짜 천잰지 뭔지 하는 저 애가 내 우승을 방해하려고 안티 드론을 띄워 내 드론의 신호를 가로챈 거 아니냐고요! 아저씨들, 당장 저 애를 잡아요. 잡아서 물어보라고요."

위노는 말도 안 되는 떼를 썼다. 안티 드론은 원하지

않는 드론을 막아 내는 드론이다. 다른 드론의 신호를 찾아낸 뒤 그 드론에게 강한 방해 전파를 쏘아 떨어뜨릴 수 있다. 실제로 군사적인 목적이나 사생활 보호 차원에서 안티 드론이 널리 쓰이고 있고 미스터리 드론 레이싱 경기장 주변에도 이미 여러 대가 떠 있었다.

"그럴 일은 없어요. 우리가 이미 안티 드론을 띄워 감시 중이니까요."

"그래도 빈틈이 있을 거 아녜요. 저 녀석은 진짜 천재라 빈틈을 노렸을 거라고요."

"아니, 우리는 귀신산을 13개의 정삼각형 지역으로 나누어 10대의 안티 드론을 띄워 방어하고 있어요. 각 지역은 서로 겹쳐지기도 해서 빈틈이 전혀 없지요. 봐요."

보안 요원은 위노에게 귀신산 안티 드론 배치도를 보여 주었다.

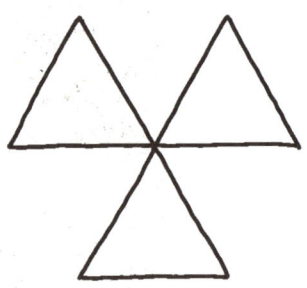

"뭐예요? 정삼각형 13개가 어디 있어요? 달랑 3개 뿐이잖아요."

"어? 어떻게 된 거지?"

당황한 보안 요원은 배치도를 이리저리 돌려 보았다.

"아, 배치도가 거꾸로 되었네요. 가장자리가 지워지고……."

보안 요원은 3개의 정삼각형뿐인 안티 드론 배치도를 거꾸로 돌리고 지워진 부분을 그려 넣었다.

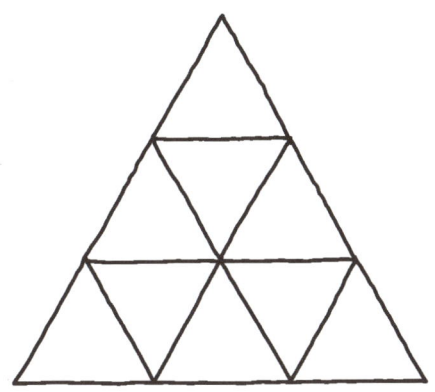

"이거예요. 가장 작은 정삼각형 9개 지역, 정삼각형 4개로 이루어진 중간 정삼각형 지역 3개, 가장 큰 정삼각형 1개 지역이니까 모두 13개 지역을 10대의 안티 드론이 빈틈없이 지키고 있는 거 맞죠?"

"그, 그렇긴 하네요."

위노도 더는 지한이를 의심할 수 없었다. 보안 요원들은 경기를 방해하려는 드론이 나타나는지 감시하기 위해 띄운 영상과 신호를 분석하고 주변에 방해 전파가 없는지 찾아보았다. 경기장 주변에는 어떠한 수상한 움직임도 없었다. 지한이가 해킹을 했다는 증거는 더더욱 없었다.

"미로 안으로 직접 들어가 봐야 하나?"

보안 요원들이 하는 말을 들은 마방진이 지한이에게 속삭였다.

"역시 사람들은 안 돼. 이런 사건을 해결할 수 있는 탐정은 명석한 머리와 뛰어난 수학 실력으로 온갖 미스터리한 사건을

해결하는 나, 수학 탐정 유령뿐이지!"

"마방진 형, 위험할지도 몰라요."

말리는 지한이를 뒤로한 채 마방진은 미로로 날아갔다. 꼭대기 꼭짓점에 있던 검은 유령이 손을 흔들었다.

"수학 유령, 저 밑에 윙윙거리는 드론 유령 좀 잡아가. 시끄러워 죽겠어."

마방진은 곧장 밑으로 내려가 앞발을 핥던 외눈박이 고양이 유령에게 물었다.

"윙윙거리는 드……."

"아, 그 시끄러운 기계 유령? 옆으로 가 봐."

마방진이 외눈박이 고양이 유령 옆을 지나, 물귀신 너구리 유령 곁을 지나, 날개 빠진 까마귀 유령 곁을 지나, 해골만 남은 할머니 유령 곁을 지나가니 제자리 비행을 하는 거인 드론이 나타났다. 블랙이 강력한 에너지로 거인 드론을 붙잡고 있었다. 그 에너지 때문에 거인 드론과 조종기를 연결한 전파가 끊기고, 카메라와 컴퓨터가 먹통이 되었다. 마방진은 살금살금 다가가 블랙을 꽉 붙잡았다.

"아얏!"
하필이면 프로펠러를 잡는 바람에 마방진은 손가락을 베고 말았다.

프로펠러가 망가지자 블랙의 몸체는 순간 기우뚱했다. 마방진은 아픔을 애써 참으며 블랙의 유령 꼬리를 다시 붙잡았다. 블랙은 몸부림을 쳤다. 거대한 드론 유령이라 힘이 아주 셌다. 마방진은 온 힘을 다해 블랙을 붙들었지만, 거대한 프로펠러 3개를 웽웽 돌리며 달아나려는 블랙의 힘을 견디지 못하고 그만 손을 놓아 버렸다. 블랙은 위노의 거인 드론 위로 내던져졌다. 그리고 이내 사라졌다. 마방진은 깜짝 놀라 두리번거렸다.

"어? 블랙, 어딨어?"

거인 드론의 몸체가 웅 움직이기 시작했다. 블랙이 위노가 날리는 거인 드론 안으로 들어가 거인 드론을 차지한 것이다. 유령 위노가 천재의 몸속에 들어간 것처럼 블랙도 거인 드론의 몸체에 들어가 버렸다. 그것도 마방진 때문에!

"안 돼! 블랙, 당장 나와! 안 그러면 유령 배터리를 빼고 유령 고물상에 팔아 버릴 거야. 나오라고!"

블랙은 소리치는 마방진을 가볍게 쳐서 떨어뜨리고 거대한 거인 드론의 몸체를 웅웅거리며 미로 밖으로 나갔다. 곧장 관중석 위로 날아가 위협적인 소리를 내며 빙빙 돌았다. 관중석은 안전했지만 그래도 사람들은 겁에 질렸다. 보안 팀에서는 제멋대로 날뛰는 거인 드론을 잡기 위해 방해 전파로 드론의 힘을 빼는 드론 총을 들고 나왔다.

"드론 총, 발사!"

보안 팀에서 거인 드론에게 강력한 방해 전파를 쏘아 안전하게 착륙시키려고 했다. 하지만 블랙에게 조종을 받는 거인 드론에게는 통하지 않았다. 거인 드론은 윙윙 회오리를 치듯 날면서 위노에게 다가갔다. 위노는 블랙을 알아보고 깜짝 놀랐다.

"블랙, 너야? 네가 거인 드론에 들어갔어? 왜?"

블랙은 8자로 길게 날았다. 위노는 눈이 휘둥그레졌다. 스코틀랜드의 황무지에서 드론 비행을 할 때면 언제나 8자 비행부터 시작했다.

"설마, 너 나랑 같이 비행하고 싶어서 그런 거야?"

블랙이 뱅글뱅글 동그라미로 날았다. 위노는 한숨을 푹

쉬었다.

"이젠 안 돼. 난 사람이고 넌 유령이야. 유령 세계에 가서 다른 주인을 찾아봐. 가, 어서 가!"

블랙은 위노의 명령을 잘 알아들었다는 듯 하늘 높이 솟구쳤다. 몇 초 후, 푸른 하늘 속 작은 점 같았던 거인 드론이 빠른 속도로 내려왔다. 위노, 아니 천재를 겨냥이라도 한 듯 곧장! 위노는 조종기의 스틱을 올려 봤지만 블랙의 명령을 받는 거인 드론은 멈추지 않았다.

"가! 가라고. 오지 마!"

위노는 빽빽 소리치며 달아나려 했다. 하지만 겁에 질린 천재의 다리가 땅에 딱 붙어 떨어지지 않았다. 머릿속에는 악몽 같았던 지난번 드론 사고의 기억이 선명하게 떠올랐다. 위노는 사람을, 그것도 천재를 또다시 위험에 빠뜨릴 수 없었다. 위노가 아무리 드론에 미친 유령이라지만 이건 아니었다.

"블랙, 안 돼. 멈춰!"

블랙은 멈추지 않았다.

"아, 정말 가기 싫은데! 난 여기 있고 싶어! 살고 싶다고!"

유령 위노는 빽 소리를 지르며 천재의 몸에서 빠져나왔다. 그러고는 온 힘을 다해 블랙을 밀쳤다. 휘청,

드론 유령 블랙이 거인 드론의 몸체에서 빠져나갔다. 거인 드론은 추락을 멈추고 그 자리에서 뱅뱅 제자리 비행을 했다. 천재는 무사했지만 너무 놀라서 정신이 하나도 없었다. 눈물도 찔끔, 오줌도 찔끔 나왔지만, 털끝만큼도 다치지 않고 목숨을 건졌다.

 유령 위노는 천재가 무사한 것을 확인하고 블랙을 올려다보았다. 블랙의 위쪽에서 유령 세계로 올라가는 밝은 빛이 비쳤다.
"알았어, 블랙. 같이 가. 우리 드론 유령 레이싱 대회에서

우승하자."

위노는 블랙과 함께 유령 세계로 올라갔다. 인간 세계에 아쉬움은 조금 남았지만 마음은 후련했다.

"유령은 완전히 나간 거죠? 내 몸은 이제 내 거 맞죠? 내 영혼은 아직도 납작한가요? 지한아, 마방진 형!"

천재는 횡설수설 정신이 없었다. 구급 대원들은 천재의 열을 재고, 심장 소리를 들어보았다. 헛소리를 하고 있지만 몸 상태는 정상이었다.

"아이가 놀라서 헛소리를 하네요. 일단 병원에 데려가죠."

구급 대원들은 천재를 들것에 실었다. 그제야 정신을 차린 마방진이 입체 미로에서 천재에게 날아왔다.

"천재야! 우리 천재, 돌아왔구나······."

힘이 다 빠진 마방진이 천재의 가슴팍에 툭 떨어졌다. 천재는 오른손을 살포시 들어 지쳐 쓰러진 마방진을 안아 주었다.

12

공포의 여왕 주리의 기억을 지워라!

"아이고, 정말 못 봐주겠다!"

마방진이 킥킥거렸지만 천재의 귀에는 들리지도 않았다. 머리부터 발끝까지 얼마나 소중한 몸인데! 천재는 소중한 발에 신을 양말을 골랐다. 서랍에 손을 넣고 휘휘 저으니 노란 양말이 나왔다. 또다시 손을 넣어 휘휘 저으니 이번에는 파란 양말이 나왔다. 그 모습을 지켜보던 마방진이 서랍을 막아서며 천재에게 물었다.

"천재야, 네 양말이 모두 몇 개야? 또 무슨 색이니?"

"나, 양말 엄청 많아. 노란색 양말 6켤레, 파란색 양말 3켤레, 회색 양말 4켤레, 녹색 양말 5켤레. 모두 18켤레야.

1켤레는 2짝이니까 양말만 36짝이지. 우리 고모가 양말 가게를 해서 크리스마스만 되면 엄청 보내 주거든."

"그럼 문제! 지금처럼 안 보고 양말을 꺼낼 때 색깔이 같은 양말 1켤레를 꺼내려면 최소 몇 번을 꺼내야 할까?"

마방진은 수학 유령답게 수학 퀴즈를 냈다.

"좋았어! 다시 찾은 내 뇌로 이런 문제쯤이야 금방이야."

하지만 천재는 한참을 생각해야 했다.

'처음에 노란 양말을 꺼냈어. 운이 좋으면 두 번째도 노란 양말을 꺼내서 2번 만에 양말 1켤레를 맞췄겠지. 그런데 두 번째는 파랑이었어. 이렇게 운이 안 좋으면 네 번째까지는

노랑·파랑·회색·녹색 양말을 골고루 꺼내게 될 거야. 하지만 다섯 번째는…… 무조건 노랑·파랑·회색·녹색 중 하나겠지!'

천재는 손을 번쩍 들고 외쳤다.

"적어도 다섯 번째는 양말 1켤레를 완성할 수 있어. 양말이 4가지 색깔이니까 5짝 꺼내면 무조건 같은 색깔이 2짝은 나오거든. 맞았지, 맞았지? 난 몸과 마음이 모두 완벽한 천재야! 꺅! 꺅!"

천재는 고생한 머리를 슥슥 쓰다듬고 뺨을 톡톡 두드리고 어깨를 어루만지고 무릎을 간지럽히고 발가락을 주물렀다. 그러고는 고린내를 한껏 품은 발가락을 콧구멍에 바짝 붙여 냄새를 맡았다.

"우웩! 천재야, 제발 그만. 더는 못 봐주겠어!"

마방진은 제 발 고린내에 취한 천재를 두고 봐줄 수가 없었다.

"똥 냄새를 맡은 것도 아닌데 뭘 그래요오?"

천재는 히죽 웃으며 애교를 떨었다. 하지만 지한이도 고개를 절레절레 저었다.

"네 몸을 되찾아서 정말 기쁜 건 알겠는데 썩 아름다운 광경은 아니야."

"아름답지 않은 정도가 아니고 우웩이야. 안 되겠어. 내 인간 친구, 순수 초딩 안천재야. 당장 네 유령 기억을 없애야겠어. 어서 눈을 감아."

마방진은 천재와 헤어지기 아쉬워서 유령 기억을 없애지 못하고 미적거렸는데 이제는 미련 없이 헤어질 수 있을 것 같았다.

"난 아직 헤어지기 싫은데……. 유령 형과 별로 놀지도 못했잖아요."

천재는 투덜거리면서도 눈을 감았다. 지한이도 유령 안경을 벗고 눈을 감았다. 마방진은 두 아이 사이를 팔랑팔랑 날며 주문을 외웠다.

"천재야, 지한아. 눈을 감으면 뭐가……."

"맵네 떡볶이 배달 왔습니다."

방문이 벌컥 열리며 주리가 뛰어 들어왔다. 마방진과 아이들은 나쁜 짓을 하다 들킨 사람들처럼 화들짝 놀랐다.

"뭘 그렇게 놀라니? 어디서 유령이라도 나왔니?"

주리는 맵네 떡볶이 봉지를 달랑달랑 흔들었다. 흰둥이도 따라 들어와 꼬리를 살랑살랑 흔들었다. 주리는 흰둥이와 천재를 번갈아 보며 의미심장하게 물었다.

"어? 흰둥이가 이제 천재 너 안 물어?"

"당연하지. 흰둥이가 날 얼마나 좋아하는데!"

"그으래? 떡볶이나 먹자."

주리는 책상 위에 맵네 떡볶이를 펼쳐 놓았다. 천재의 아랫배는 매콤하고 달콤한 떡볶이 냄새를 맡자마자 부글부글 끓었다. 천재의 몸은 끔찍했던 식중독의 기억 때문에 맵네 떡볶이의 냄새도 거부했다. 그러나 천재의 영혼은 달랐다. 세상에서 가장 좋아하는 음식은 떡볶이, 그중에서도 맵네 떡볶이였다. 천재는 맵네 떡볶이를 정신없이 퍼먹었다. 머리가 띵해질 정도로 맛있었다. 주리가 다정하게 물었다.

"천재야, 이제 좀 괜찮아? 잘 먹는 걸 보니 다 나았나 봐."

"응, 몸이 다친 건 아니잖아. 놀라서 그랬지."

"천만다행이야. 유령은 완전히 나갔지? 유령이 몸에서 나가니까 엄청 시원하지 않냐?"

"당연하지! 유령 엉덩이에 깔린 생각만 하면 아직도 분하지만 나갔으니까 됐어."

천재가 깜빡하고 유령의 정체를 밝힌 순간, 지한이가 잽싸게 천재의 입을 막았다. 흡! 천재는 숨이 턱 막혔다. 지한이가 입을 막아서가 아니었다. 그제야 주리의 꾐에 빠져 유령 이야기를 털어놓았다는 사실을 깨달았기

때문이다. 설마 주리가 눈치챘을까? 슬쩍 쳐다보니 주리는 마녀처럼 입꼬리를 쭉 올리며 웃고 있었다. 역시 눈치를 채고 말았다.

"그래! 그런 줄 알았어. 드론 레이싱 대회에서 사고가 일어났을 때 천재 네 몸에 유령이 들어갔었지? 음하하핫, 난 그 이야기를 드론 괴담으로 공포의 여왕 블로그에 올릴 거야. 이미 예고편은 올려 두었지."

주리는 휴대폰으로 블로그에 올린 새 글을 보여 주었다.

"네게 확인한 뒤 다음 편을 올리려고. 제목은 '귀신산 미스터리 드론 레이싱 경기장에서 유령에게 몸을 빼앗긴 초등학생의 최후!'야. 어때, 끔찍하게 멋지지?"

"마, 말도 안 돼. 세상에 유령은 없어. 이 사진은 증거가 못 돼. 컴퓨터 프로그램으로 가짜 유령 사진을 만들 수 있으니까."

주리는 소름 끼치게 생글생글 웃으며 휴대폰을 틀었다. 천재의 천연덕스러운 목소리가 흘러나왔다.

'유령 엉덩이에 깔린 생각만 하면 아직도 분하지만 나갔으니까 됐어.'

"안천재, 너의 자백! 이 정도면 증거로 충분하지?"

주리는 천재와 했던 말을 녹음해 두었다. 마방진은

하얗게 질린 얼굴로 주리와 천재를 번갈아 쳐다보더니 울음을 터트렸다.
"아웅, 어떡해. 내 유령 인생은 끝났어. 이걸로 유령

공포의 여왕

'미스터리 드론 경기장에 나타난 유령'
0000. 0. 00 21:37

공포의 여왕

안녕하세요, 공포의 여왕 주리예요.
이 사진을 보아 주세요.

카테고리
전체 보기
└미스터리(88)
└공포(44)
└깔깔 유머(88)

미스터리 드론 레이싱 경기장에서 찍은 유령 사진이랍니다. 귀신산에서 일어난 첫 번째 드론 추락 사고 기억나시죠? 그때 내 친구의 몸에 유령이 들어갔어요. 나쁜 유령에게 영혼을 잡힌 친구는 악당이 되고 말았지요.

이 두 번째 사진을 보아 주셔요.

못된 유령은 다행히 드론 레이싱 본선 때 친구의 몸에서 나갔어요. 도대체 유령과 친구 사이에 무슨 일이 있었을까요? 제가 지금 바로 친구의 집에 가서 알아볼게요.
그럼 끔찍한 이야기를 기대해 주셔요.
유령은 언제나 우리 곁에 있답니다.
공포의 여왕

세계의 비밀이 인간 세상에 널리 퍼지면 난 엄청난 벌을 받을 거야. 평생 유령 감옥에 갇힐 거라고. 천재야, 내 얼굴 잘 봐 둬. 오늘이 바로 우리의 마지막 만남이다. 엉엉엉."

이제는 천재가 자신을 구하느라 위험에 빠진 마방진을 구할 차례였다.

"지한아, 주리를 막을 무슨 좋은 방법 없을까?"

"우리나라는 언론의 자유가 있으니 글을 못 쓰게 할 수도 없고, 증거가 있으니 명예 훼손이라고 신고할 수도 없고……."

옳은 소리만 골라 하는 지한이는 큰 도움이 되지 않았다. 천재는 일단 시치미를 뚝 떼 보기로 했다.

"어허, 세상에 유령이 어딨냐? 내 말은 다 농담이었어. 내가 원래 헛소리 잘하는 거 알지?"

"흥! 이제 와서 우겨 봤자 소용없어. 난 네 입에서 나온 말을 그대로 쓸 테니까."

예상대로 공포의 여왕에게는 통하지 않았다. 그렇다면 다음 순서는 협박이다!

"너, 자꾸 '유령 유령' 하면 진짜 무서운 유령이 나타난다.

 네가 몰라서 그렇지, 어둠의 유령이 얼마나 끔찍한 줄 알아?"

 "핫핫핫, 그 끔찍함, 나도 좀 느껴 보자!"

 주리에게는 어떤 방법도 통하지 않았다. 내일이면 유령 세계의 존재가 세상에 알려질 것이고 마방진은…….

 천재는 미안해서 고개를 들 수 없었다. 한참 동안 몸을 수그린 채로 앉아 있던 천재가 마침내 고개를 들었다.

 "지한아, 네 안경 좀 빌려줘."

 지한이가 안경을 내밀자 천재는 주리에게 얼른 안경을 씌웠다.

 "유령이다! 진짜 유령이야. 내가 유령을 만나다니! 소원이 이뤄졌어."

 주리는 좋아서 꽥꽥 소리를 질렀다. 마방진은 화가 나서 버럭버럭 소리를 질렀다.
 "천재야, 너 제정신이니? 유령 위노가 왔다 간 뒤로 머리가 어떻게 된 거 아니야? 주리에게 유령까지 보여 주면 어쩌려고. 정말 나를 두 번 죽일 셈이냐?"
 "하는 수 없잖아요. 어차피 주리가 다 눈치챘다고요. 맞아, 주리야. 내 몸에 위노라고, 영국에 살았던 드론 영재 유령이 들어왔었지. 내가 수학 탐정 유령에게 구해 달라고 해서 마방진 형이 내려온 거야."
 웬일인지 지한이도 천재의 장단에 맞장구를 쳤다.
 "맞아, 마방진 형은 나에게 드론으로 유령 위노를 이겨 달라고 했어. 그런데 드론 레이싱 대회에서 위노를 따라다니던 드론 유령이 거인 드론에 들어가서 천재의

몸으로 떨어지려고 했어. 유령 위노는 천재를 구하려고 그랬는지, 드론 유령을 구하려고 그랬는지 천재의 몸에서 빠져나가 드론 유령을 데리고 유령 세계로 돌아갔지."

천재와 지한이의 설명이 이어지는 동안 주리는 그 내용을 받아 적고 궁금한 것을 묻느라 바빴다.

"오! 끔찍하다 못해 감동적인데? 그러니까 유령 위노가 천재와 드론 유령을 구했다는 거지? 근데 유령이 몸속으로 들어오면 기분이 어떠니? 혹시 몸무게도 변하니? 유령 무게가 더해지면 더 무거워지나? 이 사진 속 뿌연 얼룩이 유령 맞지? 유령 위노 얼굴이 잘 안 보이네. 잘생겼어? 그림으로 좀 그려 줄래?"

한참을 떠들던 주리가 마방진 옆으로 바짝 붙었다.

"수학 탐정 유령님. 저랑 인증 샷 좀 찍어요. 공포의 여왕 블로그라면 유령하고 찍은 사진 1장 정도는 있어야 하지 않겠어요?"

마방진은 여전히 화가 나서 뚱한 표정으로 사진을 찍었다. 그런데 사진을 확인한 주리는 눈살을 찌푸렸다.

"뭐야! 유령은 사진이 안 찍히잖아? 아이참, 사진에 유령이 나오게 할 방법은 없어요? 이 순간을 영원히 기억하고 싶다고요."

 "맞아, 맞아! 우리 넷이 함께 사진 찍으면 좋겠다. 이 모든 기억을 영원히 간직하게! 유령 위노 일까지 하. 나. 도. 잊. 지. 않. 도. 록!"

 천재는 말끝을 강조하며 호들갑을 떨었다. 순간 마방진은 천재의 의도를 알아챘다. 천재는 주리에게 유령 위노와 관계된 유령 기억을 일부러 만들어 준 것이다. 마방진이 주리의 유령 기억을 없애면 관련이 있는 일들까지 싹 잊게 되니까 유령 세계가 존재한다는 사실도, 유령 위노와 관련한 일들도 밝혀지지 않을 것이다.

 "물론 유령도 사진 찍을 방법이 있어. 주리야. 안경 좀 줘 봐. 이 유령 안경에 유령 사진 렌즈를 붙이면 되거든."

 마방진의 말에 주리는 냉큼 안경을 벗어 주었다. 안경을 벗자마자 주리의 눈에는 탐정 유령도, 유령 안경도 보이지 않았다. 천재가 말했다.

 "다 됐어. 주리야, 그런데 인간이 눈을 뜬 채로 갑자기 유령 안경을 쓰면 시력이 엄청 나빠진대. 일단 눈을 감아 봐. 눈을 감으면 뭐가 보이니?"

 눈을 감자마자 주리는 유령 기억을 잊었다. 수학 탐정 유령을 만난 사실과 그때 했던 이야기, 천재의 몸에 유령이 들어갔다고 확신했던 기억도 모두 잊었다. 마방진은 유령

에너지로 주리의 휴대폰에 녹음된 천재의 말을 지우고 사진 속 유령의 흔적도 지웠다.

번쩍, 주리가 눈을 떴다.

"어, 내가 왜 여기 있지? 천재야, 네가 나 불렀어?"

"응. 아이스크림 사 먹자고."

천재는 한 주 용돈을 탈탈 털어 소중한 친구들에게 아이스크림을 사 주었다. 공짜 이벤트는 끝났지만 아이스크림은 여전히 꿀맛이었다. 천재는 아이스크림을 한 입 물고 귀신산 쪽을 바라보았다. 갑자기 먼지바람이

슝 불어왔다. 그때 마방진이 말했다.

"천재야, 지한아. 눈에 먼지 들어가겠다. 눈 좀 감아 봐."

천재와 지한이는 동시에 눈을 감았다. 순간, 마방진은 둘의 머리를 쓰다듬으며 속삭였다.

"눈을 감으면 뭐가 보이니?"

다시 눈을 뜬 아이들은 완전히 인간 세계로 돌아와 있었다. 천재는 세상에서 유령이 가장 무서운 겁쟁이 순수 초딩으로, 지한이는 유령을 믿지 않는 과학적이고 이성적인 천재 초등학생으로 돌아왔다. 그래도 수학 탐정 유령 마방진은 하나도 서운하지 않았다.

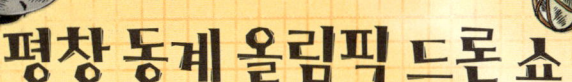

평창 동계 올림픽 드론 쇼

2018년 2월, 평창 동계 올림픽에서 1,218대의 드론이 놀라운 쇼를 펼쳤다. 수많은 드론이 한정된 공간에서 재빨리 움직이며 올림픽 오륜기와 올림픽 마스코트인 수호랑 등을 그려 냈다. 이때 드론은 단 1대도 부딪치거나 자리를 벗어나지 않았는데 어떻게 이런 일이 가능했을까? 쇼에 쓰인 드론은 크기가 가로 384×세로 384×높이 93mm, 무게가 330g인 평범한 쿼드콥터 '슈팅스타'였다. 다른 점이라면 슈팅스타의 몸체 안에 전용 알고리즘을 넣었다는 것이다. 드론들은 철저한 수학적 계산으로 짠 쇼 프로그램을 그대로 펼쳐 보였다. 놀라운 평창 드론 쇼는 기네스북에도 올랐다. 이 기록은 중국의 드론 업체가 시안에서 1,374대의 드론으로 쇼를 펼치며 2개월 만에 깨지고 말았다. 그러나 드론 기술은 날마다 발전하고 있으니 중국의 기네스 기록이 깨지는 것도 시간문제이다.

초등 수학 교과 연계표

수학 개념	본 책	관련 단원	
		학년-학기	단원
직사각형	22p	2-1	2. 여러 가지 도형
시각(시간, 분)	25p	2-2	4. 시각과 시간
길이(m, km)	25p	3-1	5. 시간과 길이
비교	25p	1-1	4. 비교하기
세 자리 수 덧셈	34~35p	3-1	1. 덧셈과 뺄셈
나눗셈	48~49p	3-2	2. 나눗셈
백분율	73p	6-1	4. 비와 비율
다각형	77~79p	4-2	3. 다각형
대각선 수	78~79p	4-2	3. 다각형
규칙 찾기	79p	2-2	6. 규칙 찾기
사각형의 둘레와 넓이	100p	5-1	5. 다각형의 넓이
원의 둘레와 넓이	100p	6-1	5. 원의 넓이
확률	105p	중등 수학	
분수의 곱셈	106p	5-1	6. 분수의 곱셈
분류	116p	2-1	5. 분류하기
막대그래프	117p	4-1	6. 막대그래프
배수	123~124p	5-1	1. 약수와 배수
꼭짓점의 교차점	142~143p	3-1	2. 평면도형
입체도형	153p	6-2	1. 쌓기 나무
정삼각형	163p	3-1	2. 평면도형

퀴즈! 과학상식 (현 76권)

엉뚱한 유머와 상상을 초월하는 재미가 가득!
쉽고 재밌는 과학·수학 원리가 머리에 쏙쏙!

1 동물	39 공포 과학
2 인체	40 공포 미스터리
3 우주	41 별난 요리
4 발명·발견	42 공포 독·가스
5 물리·화학	43 공포 마술
6 날씨·환경	44 황당 과학
7 바다·해저	45 공포 과학 사건
8 곤충	46 공격·방어
9 똥·방귀	47 황당 수학
10 로봇	48 꼬질꼬질 과학
11 몸속 탐험	49 오싹오싹 과학
12 지구 탐험	50 미스터리 수학
13 에너지	51 공부 과학
14 전기·자석	52 공포 수학 사건
15 독·희귀 동·식물	53 미스터리 암호 과학
16 로켓·인공위성	54 공포 퍼즐 수학
17 두뇌 탐험	55 황당 추리 수학
18 벌레	56 황당 수수께끼 과학
19 사춘기·성	57 황당 마술 수학
20 남극·북극	58 황당 요리 수학
21 동굴 탐험	59 SOS 생존 과학
22 사막·정글	60 공포 미로 수학
23 질병·세균	61 황당 암호 수학
24 화산·지진	62 SOS 쓰레기 과학
25 불가사의	63 황당 캠핑 수학
26 세계 최고·최초	64 황당 게임 수학
27 천재 과학자	65 최강 개그 과학
28 파충류·양서류	66 황당 요리 수학
29 실험·관찰	67 황당 도형 수학
30 응급처치	68 황당 직업
31 미래 과학	69 황당 연산 수학
32 벌레잡이 식물	70 황당 개그 수학
33 식품·영양	71 황당 텔레비전 수학
34 스포츠 과학	72 황당 불량 과학
35 엽기 과학	73 뇌와 인공 지능
36 공룡	74 최강 로봇 수학
37 별난 연구	75 빅데이터 과학
38 과학수사	76 드론 과학

★ 퀴즈! 과학상식 시리즈는 계속 나옵니다.